PEQUEÑOS REBELDES

GIRL
XOXO

PEQUEÑOS REBELDES

100 PERSONAJES INOLVIDABLES QUE CAMBIARON LA HISTORIA

DESTINO

Desarrollo editorial: Anónima Content Studio
Coordinación editorial: Daniela Alcalde y Carlos Ramos
Redacción: Giovani Alarcón, Micaela Arizola, María José Fermi, Viviana Gálvez e Iván Herrera
Coordinación de ilustración y diseño: Estéfano Onofre y Franco Zegovia
Ilustraciones: Stephany Lara, Estéfano Onofre, Kattia Onofre, Camila Palacios, Emilio Romero y Paola Ticacala

Bajo el sello editorial DESTINO INFANTIL & JUVENIL M.R.
Avenida Presidente Masarik núm. 111,
Piso 2, Polanco V Sección, Miguel Hidalgo
C.P. 11560, Ciudad de México
www.planetadelibros.com.mx

Primera edición en formato epub: julio de 2024
ISBN: 978-607-39-1659-2

Primera edición impresa en México: julio de 2024
ISBN: 978-607-39-1559-5

Impreso en los talleres de Litográfica Ingramex, S.A. de C.V.
Centeno núm. 162-1, colonia Granjas Esmeralda, Ciudad de México
Impreso y hecho en México / *Printed and made in Mexico*

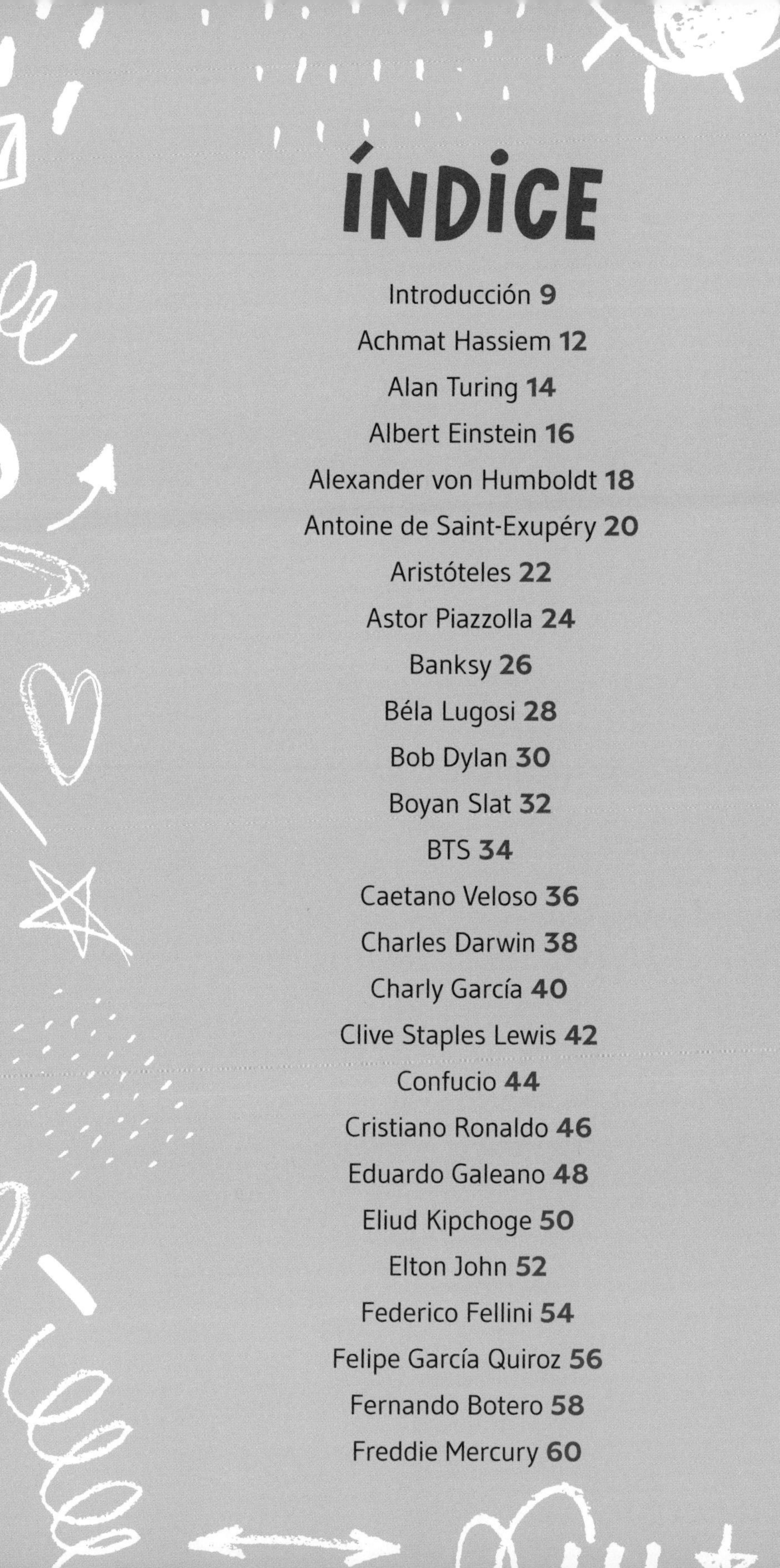

ÍNDICE

Introducción **9**

Achmat Hassiem **12**

Alan Turing **14**

Albert Einstein **16**

Alexander von Humboldt **18**

Antoine de Saint-Exupéry **20**

Aristóteles **22**

Astor Piazzolla **24**

Banksy **26**

Béla Lugosi **28**

Bob Dylan **30**

Boyan Slat **32**

BTS **34**

Caetano Veloso **36**

Charles Darwin **38**

Charly García **40**

Clive Staples Lewis **42**

Confucio **44**

Cristiano Ronaldo **46**

Eduardo Galeano **48**

Eliud Kipchoge **50**

Elton John **52**

Federico Fellini **54**

Felipe García Quiroz **56**

Fernando Botero **58**

Freddie Mercury **60**

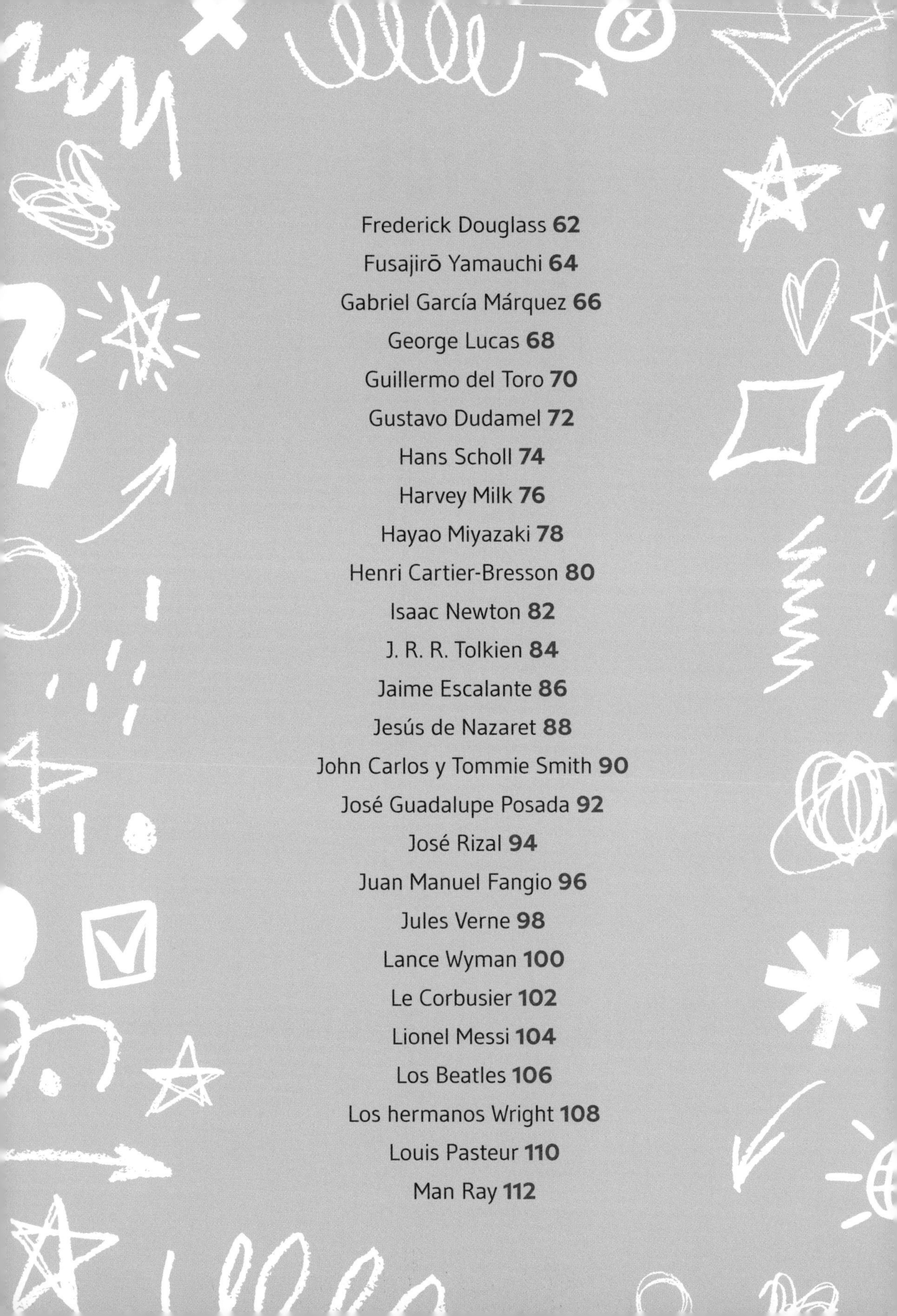

Frederick Douglass **62**

Fusajirō Yamauchi **64**

Gabriel García Márquez **66**

George Lucas **68**

Guillermo del Toro **70**

Gustavo Dudamel **72**

Hans Scholl **74**

Harvey Milk **76**

Hayao Miyazaki **78**

Henri Cartier-Bresson **80**

Isaac Newton **82**

J. R. R. Tolkien **84**

Jaime Escalante **86**

Jesús de Nazaret **88**

John Carlos y Tommie Smith **90**

José Guadalupe Posada **92**

José Rizal **94**

Juan Manuel Fangio **96**

Jules Verne **98**

Lance Wyman **100**

Le Corbusier **102**

Lionel Messi **104**

Los Beatles **106**

Los hermanos Wright **108**

Louis Pasteur **110**

Man Ray **112**

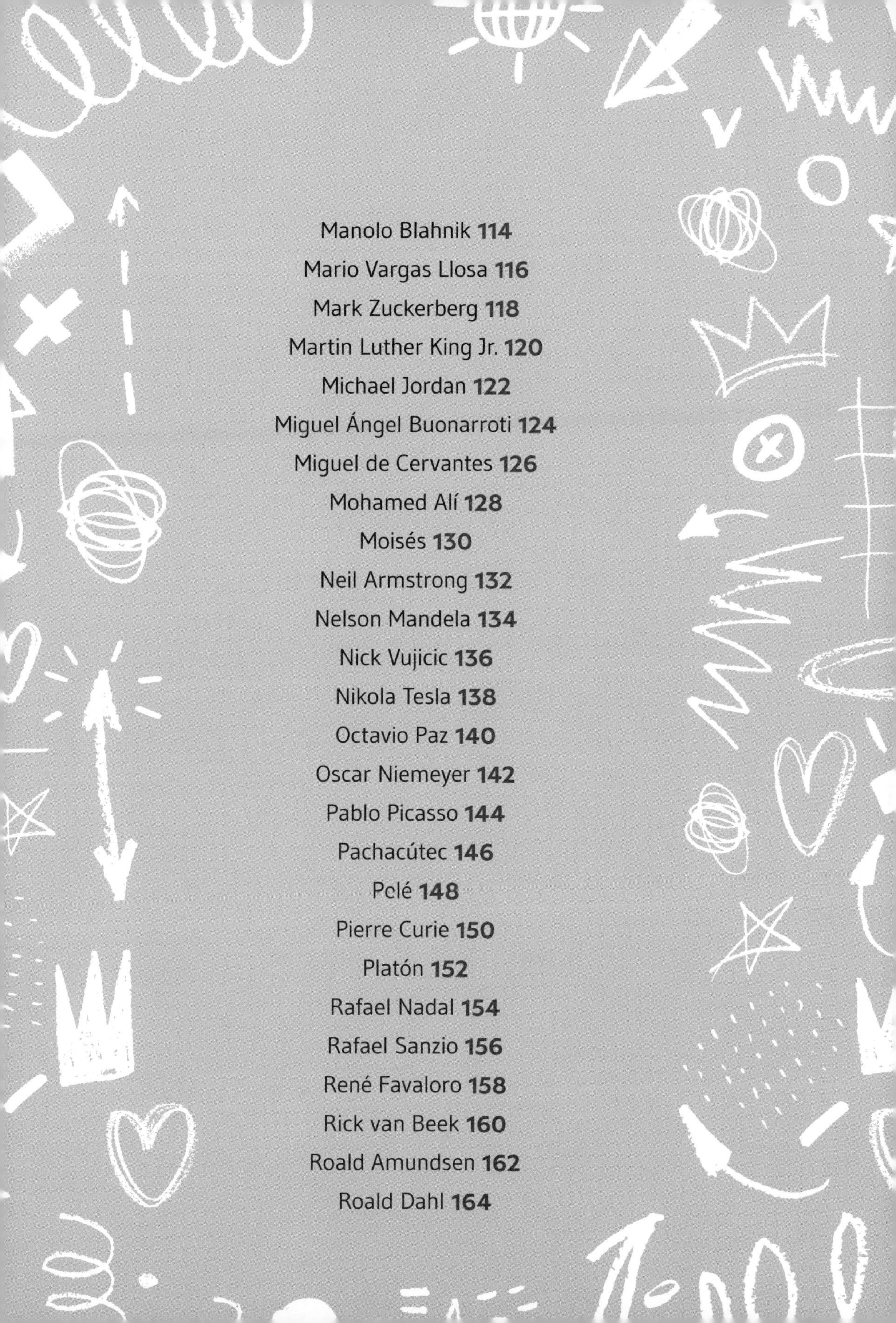

Manolo Blahnik **114**

Mario Vargas Llosa **116**

Mark Zuckerberg **118**

Martin Luther King Jr. **120**

Michael Jordan **122**

Miguel Ángel Buonarroti **124**

Miguel de Cervantes **126**

Mohamed Alí **128**

Moisés **130**

Neil Armstrong **132**

Nelson Mandela **134**

Nick Vujicic **136**

Nikola Tesla **138**

Octavio Paz **140**

Oscar Niemeyer **142**

Pablo Picasso **144**

Pachacútec **146**

Pelé **148**

Pierre Curie **150**

Platón **152**

Rafael Nadal **154**

Rafael Sanzio **156**

René Favaloro **158**

Rick van Beek **160**

Roald Amundsen **162**

Roald Dahl **164**

Robert Capa **166**

Sebastião Salgado **168**

Sergei Polunin **170**

Siddhartha Gautama **172**

Sócrates **174**

Sócrates (futbolista) **176**

Stan Lee **178**

Stephen Hawking **180**

Sundar Pichai **182**

Tadao Ando **184**

Tenzing Norgay **186**

Thor Heyerdahl **188**

Tim Burton **190**

Tom Ford **192**

Vedran Smailović **194**

Virgilio Martínez **196**

Walt Disney **198**

William Kamkwamba **200**

William Shakespeare **202**

Wolfgang Amadeus Mozart **204**

Yo-Yo Ma **206**

Yoshitomo Nara **208**

Yuri Gagarin **210**

La receta de la rebeldía **212**

Los caminos de la rebeldía **218**

INTRODUCCIÓN

Este libro forma parte de una colección de historias de vida de **mujeres y hombres** que han transformado el rumbo de la humanidad. Con sus acciones, descubrimientos o reflexiones, así como su espíritu inconforme, se detuvieron a mirar su mundo, lo cuestionaron y decidieron cambiarlo.

Los cien personajes elegidos para cada libro representan una pequeña muestra de lo que mujeres y hombres pueden lograr si creen en sus potenciales. A través del arte, la ciencia, el deporte o la política, estos **ejemplos de rebeldía** lograron hacer sus sueños realidad, con mucho esfuerzo y creatividad, además de paciencia, persistencia y poco miedo al fracaso.

Todos tienen algo en común: su niñez. Fue allí cuando recibieron los estímulos para ser quienes fueron o nació su conflicto y la necesidad de transformarse en algo más. Como dijo la pedagoga italiana María Montessori: «Siembra en los niños ideas buenas aunque no las entiendan... los años se encargarán de descifrarlas en su entendimiento y de hacerlas florecer en su corazón».

Por ello, hemos contado sus historias desde un inicio, para inspirar —a grandes y chicos— a cambiar lo que los rodeaba. Desde la empatía y la admiración, se puede fomentar la autoestima, desarrollar la imaginación y demostrar que la confianza en uno mismo es el más grande motor para **transformar el mundo.**

¡Importante!

A continuación, puedes ver los iconos que encontrarás a lo largo del libro. Estos te permitirán saber en qué área se desarrolló cada uno de los pequeños rebeldes.

DEPORTE

Comprende distintas actividades físicas que requieren entrenamiento, se llevan a cabo en el marco de competencias y bajo ciertas normas.

ARTE

Abarca a las diferentes expresiones de la creatividad humana, tales como la literatura, la pintura, la música, el cine, entre muchas otras.

POLÍTICA

Se refiere a diversas actividades que influyen en la sociedad y están relacionadas con el poder, la reflexión y el cambio social.

CIENCIA

Es el conjunto de conocimientos verificables que permiten comprender el mundo y cambiar ciertos aspectos de la realidad.

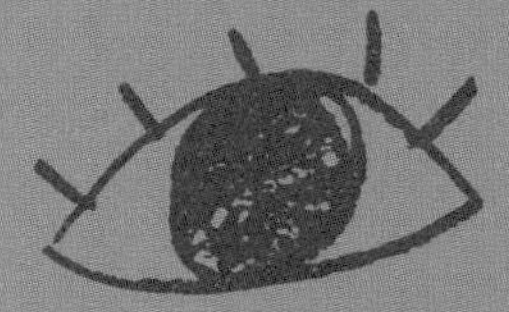

«Educar con el ejemplo no es una manera de educar, es la única».

Albert Einstein

NADADOR
Sudáfrica, 6 de mayo de 1982

Achmat Hassiem

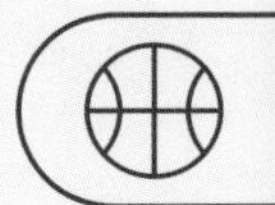

Víctima y protector de los tiburones

Desde niños, los hermanos Achmat y Tariq fueron muy cercanos. Los unía un gran cariño y un sinfín de vivencias juntos. Como suele pasar, Tariq, el menor, seguía a todos lados a Achmat y este trataba siempre de cuidar al pequeño. Ambos compartían también el gusto por la natación. Para ellos, el mar era un amigo.

Al menos así lo fue hasta agosto de 2006. Un domingo por la mañana los hermanos estaban en una playa de Muizenberg, en Ciudad del Cabo, practicando para ser salvavidas. Junto con un grupo de amigos, se metieron al mar a disfrutar de un buen momento. De pronto, Achmat vio que un tiburón blanco se acercaba a Tariq y sin dudarlo comenzó a chapotear para llamar la atención del escualo.

El tiburón lo atacó y trató de hundirlo en el mar. Achmat no se dejó y luchó tanto como pudo hasta soltarse. No obstante, había perdido una pierna. Su hermano estaba a salvo y él también, pero su vida ya no sería la misma. Mientras se encontraba en el hospital recuperándose, la nadadora paralímpica Natalie du Toit lo visitó. «Me sugirió que entrara a nadar en la categoría de paralímpico. Aprendí de ella y Oscar Pistorius y pensé "todavía hay esperanza"», recuerda.

Con esta motivación, llegó a recuperarse y se dedicó a entrenar. Achmat compitió por primera vez en los Paralímpicos de China y quedó en sexto lugar. Para 2012, participó en la misma competencia, en Londres, donde obtuvo la medalla de bronce en cien metros mariposa y marcó un récord para África en la final.

«Perder una pierna no es nada comparado con perder a un hermano», dice Achmat, quien cambió un hecho traumático por una historia de éxito. También se dedicó a trabajar en favor de los tiburones, en protección y conservación, por lo que las Naciones Unidas lo nombró guardián global de estos gigantes del mar, con quienes terminó amistándose.

MATEMÁTICO

Reino Unido, 23 de junio de 1912 - 7 de junio de 1954

Alan Turing

El padre de la inteligencia artificial

Alan era un niño muy particular, armaba los más difíciles rompecabezas y aprendió a leer antes de siquiera ir a la escuela. También le gustaban los números y los cuentos de aventuras. Ganó todos los premios de matemáticas que se otorgaban en su centro de estudios, hacía experimentos científicos y resolvía complicados cálculos por su cuenta.

Inició sus estudios de Matemáticas en Cambridge, en el King's College. Allí, desarrolló una teoría que le valió un premio por sus investigaciones. Alan revolucionó las ciencias con la máquina de Turing, creación que lleva su apellido y se trata de una computadora que podía descifrar problemas y seguir instrucciones. Ese sería el inicio de la informática moderna.

Durante la Segunda Guerra Mundial, consiguió descifrar los códigos del gobierno alemán. Así, los militares de su país se podían adelantar a los planes del rival. Gracias a sus logros, se estima que se acortó la duración de la guerra en hasta cuatro años y se salvaron miles de vidas. Por otro lado, fue el primero en cuestionarse si una máquina podía pensar. Él creía que, con una programación adecuada, esto sería posible e ideó un test que determinaba la capacidad de una máquina para mostrar un comportamiento inteligente que pareciera el de un humano. Esto es lo que en la actualidad conocemos como inteligencia artificial.

Sin embargo, debido a su orientación sexual, Alan fue arrestado y perdió su trabajo. En aquella época, era ilegal ser homosexual. Tras su muerte, se creó la ley Turing, por la cual se ofrecieron disculpas públicamente a todas las personas que fueron a la cárcel por amar a alguien de su mismo género.

Alan hoy aparece en el billete de cincuenta libras del Banco de Inglaterra. Además, es destacado como una de las personas con mayores aportes del siglo XX. Sin sus contribuciones, la vida que hoy conocemos no sería posible.

FÍSICO

Alemania, 14 de marzo de 1879 - 18 de abril de 1955

Albert Einstein

La fórmula que revolucionó el siglo xx

Si algo caracterizaba a Albert era su curiosidad. Se pasaba horas mirando la naturaleza y tratando de descifrar cómo funcionaban las cosas a su alrededor. No le parecía agradable estar cerca de otros niños de su edad, pero amaba tocar violín y las clases de álgebra que su mamá y su tío le daban.

La rigidez de su escuela causó que algunos profesores le dijeran que nunca conseguiría nada en la vida. Eso a él le molestaba y lo hacía rebelarse, pues le gustaba aprender a su manera y a través de su pasión: la observación. Si bien su vida escolar no fue fácil, eso no pudo apagar su curiosidad permanente. Gracias a la lectura de libros científicos, se interesó desde adolescente en el cálculo infinitesimal, una rama de las matemáticas que analiza los cambios.

A los 17 años, fue a una de las escuelas más importantes para estudiar ciencias en Europa. Se especializó en matemáticas y física, dos campos en los que destacó notablemente y, en 1921, consiguió algo que sus maestros de escuela jamás imaginaron: el Premio Nobel de Física.

Para ese entonces, había desarrollado la idea de la relatividad y creó la fórmula más famosa del mundo. Observando los planetas y las estrellas, Albert revisó las leyes físicas que existían hasta entonces y concluyó que la luz siempre tiene la misma velocidad para todos los observadores, y que el espacio y el tiempo en el que transcurren los eventos es relativo a la velocidad del observador.

Cuando el gobierno de Hitler se asentó en Alemania, antes de que iniciara la Segunda Guerra Mundial, Albert se fue a Estados Unidos, donde se nacionalizó. En sus últimos años, siguió trabajando para descubrir leyes que explicaran el funcionamiento del mundo que conocemos. Sin lugar a dudas, su nombre es sinónimo de inteligencia, rebeldía y enorme capacidad para imaginar lo inimaginable.

NATURALISTA

Alemania, 14 de septiembre de 1769 - 6 de mayo de 1859

Alexander von Humboldt

Una curiosidad que impulsó la ciencia

Desde pequeño, a Alexander le encantaba pasar tiempo al aire libre. En sus paseos, llenaba los bolsillos de su pantalón con plantas, piedras e insectos, que luego, en su casa, observaba fascinado durante horas. También le gustaba dibujar y pintar, y era tan bueno que a los 17 años lo invitaron a exponer sus obras en la Academia de Berlín.

Años más tarde, se embarcó en su primer viaje a través del río Rin hasta los Países Bajos, y luego al Reino Unido. En esa travesía de estudios, entendió que quería dedicar su vida a navegar por todos los continentes, hacer experimentos, dibujar mapas, descubrir animales y plantas de distintas regiones, maravillarse ante sus paisajes, sentir los diferentes climas, etcétera. Y eso hizo el resto de su vida.

Recorrió Europa, América del Sur y Centroamérica, Estados Unidos y Rusia. Siempre con el deseo de saber más sobre cada región, desde las montañas, nevados y valles hasta los ríos y mares. Fue el primero, además, en demostrarle al mundo que solo se llega al conocimiento científico mediante experimentos, observación y rigor.

Al final de sus días, se dedicó a publicar libros con toda la información que recopiló en los diferentes viajes que realizó. Sus datos han inspirado cientos de miles de investigaciones científicas e, incluso, el nacimiento de la ecología y de la geografía.

ESCRITOR Y AVIADOR

Francia, 29 de junio de 1900 - 31 de julio de 1944

Antoine de Saint-Exupéry

El niño que soñó con volar

Durante su infancia, estuvo rodeado de mujeres: su mamá, sus tres hermanas y sus tías. Antoine compartía con su único hermano los juegos intrépidos fuera de su casa. Adoraba correr de un lado a otro, con el cabello rubio desordenado, imaginando historias y armando alboroto.

Su sueño siempre fue ser aviador y lo hizo realidad cuando cumplió 21 años. Voló por tierras europeas y africanas y, a los 28 años, llegó a Sudamérica, donde vivió un tiempo en Argentina. Fue a los 32 años cuando giró el timón y se dedicó al periodismo y la escritura. Publicó su primera novela, *El aviador*, en 1926, y su primer éxito, *Vuelo nocturno*, en 1931.

Antoine no dejó de viajar, pero, a los 35 años, estuvo a punto de perder la vida producto de un aterrizaje forzoso en el desierto africano de Libia. Sin idea de su ubicación y solo con uvas, naranjas y algo de vino para alimentarse, sobrevivió cuatro días. Para su suerte, un viajero montado en un camello lo encontró.

Un año antes de su muerte, publicó su novela más famosa: *El principito*. Este fue un pedido de su editor, quien le propuso escribir un cuento para niños sobre la Navidad. Por ese motivo fue que Antoine se animó a escribir la historia de un pequeño príncipe proveniente de un lejano asteroide, y dio vida a personajes inolvidables como el zorro y la rosa. Este universo era parte de un relato que desde niño él se contaba entre juegos y, al crecer, quedó registrado en su memoria.

Enriquecido con sus aventuras y vivencias, esta historia se convirtió en uno de los libros más leídos del siglo XX. Se estima que ha vendido más de 140 millones de ejemplares en todo el planeta y ha sido traducido a más de 250 idiomas. A pesar de ser considerado un libro para niños, *El principito* es, en realidad, una de las más agudas críticas a la adultez.

FILÓSOFO

Grecia, 384 a. C. - 322 a. C.

Aristóteles

Definió el pensamiento de hoy

El pequeño Aristóteles creció siendo parte de una familia vinculada a la medicina. Su papá, Nicómaco, era médico de Amintas III, rey de Macedonia, por lo que creció en la corte real, escuchando conversaciones sobre política, medicina y conocimiento en general. Cuando cumplió 17, su padre falleció y fue enviado a Atenas, uno de los centros intelectuales más importantes de Grecia. Todos pensaban que sería médico, tal como sus demás familiares, pero él escogió un camino distinto.

Un amigo de la familia, Proxeno de Atarneo, se encargó de su educación. A él le llamó la atención la increíble curiosidad y las aptitudes del joven. Por eso, lo envió con el mejor maestro de ese entonces: Platón, quien en su Academia estimuló la mente de Aristóteles con lecciones sobre arte, filosofía y ciencias naturales. Estaba tan emocionado que no despegaba los ojos de los libros. Por esa razón, Platón le puso de sobrenombre «el Lector». Estuvo ahí veinte años, primero como estudiante y después como maestro.

Aristóteles se convirtió en uno de los grandes filósofos de la antigua Grecia. Uno de sus más grandes aportes fue su manera de entender la ciencia, que dio como resultado el método científico que se aplica hasta nuestros días. Él sostenía que el mundo se entendía viéndolo y tocándolo. Por tanto, para generar conocimiento, era necesario hacerlo a través de la experiencia, sobre la que se formulaban conclusiones. Esta idea revolucionó el pensamiento de su época.

En la actualidad, sus ideas son las que rigen diversas actividades, oficios, profesiones, comportamientos e ideas en el mundo entero. Ha influido en el arte, la lógica y la ética, entre otros campos. Y lo ha hecho de una manera tan profunda que, en su honor, se han bautizado cráteres en la luna, un asteroide y montañas en la Antártida.

MÚSICO

Argentina, 11 de marzo de 1921 - 4 de julio de 1992

Astor Piazzolla

La revolución del tango

A sus 3 años, Astor se mudó de Mar del Plata, en Argentina, a Nueva York, en Estados Unidos. Sus padres extrañaban muchísimo su país y solían escuchar canciones para recordarlo. Su papá, Vicente, tocaba el acordeón y tenía amigos músicos con los que interpretaba tangos y milongas, pero también música clásica.

Cuando Astor cumplió 6 años, tuvo claro que los deportes no eran para él. Tenía una malformación en la pierna que no le permitía correr o saltar. Para que no se sintiera triste, sus papás le compraron un bandoneón —instrumento parecido al acordeón—, que se convirtió en el sonido principal de su música.

En Nueva York, resultó imposible encontrar un profesor de bandoneón. Su padre le enseñó lo que pudo y, con esa base, Astor se dedicó a explorar por su cuenta hasta que le sacó las primeras notas al instrumento. Finalmente, en un breve regreso de la familia a Mar del Plata, tomó clases.

Muy joven, y con esfuerzo, viajó a Europa a estudiar música. Una vez allá, también sintió añoranza por su país de origen, Argentina. Fue entonces que decidió innovar los acordes del tango. Antes no se había escuchado algo así. Los músicos argentinos lo criticaron bastante. Por si fuera poco, lo consideraron un enemigo del tango y las radios no querían tocar su música. Pero Piazzolla continuó y, con el tiempo, logró abrirse camino.

Cuando regresó a Argentina, formó una banda que influyó en la evolución del tango y, hacia 1969, comenzó a componer música. A inicios de los setenta, formó el Conjunto Electrónico, con el cual experimentó con el *jazz-rock* y arrancó su larga colaboración con piezas para películas. Por su enorme legado, recibió varios reconocimientos e, incluso, el aeropuerto internacional de Mar del Plata, su ciudad natal, lleva su nombre.

ARTISTA URBANO

Reino Unido, presuntamente 1974

Banksy

Un misterio sin resolver

Nadie sabe quién es Banksy. Podría ser una sola persona o un colectivo de artistas. Hay tres posibles nombres dando vueltas entre los rumores de la gente, los tres son masculinos. Más allá de su identidad, es innegable que se ha convertido en una leyenda urbana.

Se presume que Banksy empezó con el grafiti en 1990, en las ciudades de Bristol y Londres, en Inglaterra. Tras escoger un lugar visible en la calle, como la pared de una casa o un edificio, lo interviene sin permiso con sus aerosoles y sin que nadie lo vea. De un día para otro, la calle aparece invadida por su arte, que se caracteriza por la ironía y fuertes mensajes de crítica social.

Se sabe que prefiere el anonimato debido a que el grafiti es ilegal en Inglaterra. Por eso, también ha buscado reducir el tiempo que le demora llevar a cabo sus creaciones y ha incorporado en su técnica el uso de plantillas o esténciles. Mientras menos minutos le tome, corre menos riesgo de ser detenido.

Sus grafitis han aparecido en San Francisco, Jerusalén y Boston, entre otras ciudades. Nadie sabe dónde aparecerá el siguiente ni cuándo, pero es esperado con ansia. De esa manera, logra que la gente preste atención a problemas como la guerra, la desigualdad y la contaminación ambiental.

En 2018, saltó a todos los titulares. Una copia en lienzo de una de sus obras más conocidas, llamada *Niña con globo*, fue vendida en más de un millón de dólares. En plena subasta, y ante la mirada atónita de los presentes, parte del lienzo se autodestruyó en una trituradora que el mismo Banksy había ocultado en el marco de la obra. Fue una forma más de rebelarse.

Desde el anonimato, los valientes trazos de Banksy seguirán movilizando ideas, sorprendiendo al público y demostrando que el arte puede generar cambios.

ACTOR

Rumania, 20 de octubre de 1882 - 16 de agosto de 1956

Béla Lugosi

Un actor que personificó el terror

Béla, al igual que Vlad Tepes, el personaje en el que se inspiró el conde Drácula, nació en Rumania. Era solo un pequeño cuando descubrió que le gustaba interpretar personajes. Le resultaba divertido jugar a ser otro, hacer voces distintas, esconderse tras un vestuario especial. Fue así que, a la hora de decidir qué estudiar, sin pensarlo dos veces eligió Actuación. Y lo hizo en un lugar de renombre: la Academia de Música y Artes de Budapest.

Por aquellas épocas, se hizo famoso representando las obras de William Shakespeare. Uno de los personajes que le gustaba interpretar era Hamlet, quien tenía un gran diálogo con una calavera en la mano. Tal vez por ese motivo se interesó más en los personajes oscuros y terroríficos. No obstante, en realidad, Béla era conocido por su carácter divertido y gracioso.

Cuando estalló la Primera Guerra Mundial, ya había actuado en 172 producciones. Se unió al ejército, pero, luego de ser herido, tuvo que emigrar a Alemania, dejando a su esposa tras una fallida revolución en Hungría.

Actuó en algunas películas hasta que cruzó el océano para llegar a Estados Unidos como mercante. Ahí, tuvo que empezar una nueva etapa como actor pese a no dominar el inglés. No fue nada fácil, pero Béla amaba tanto su profesión que supo vencer ese obstáculo y abrirse camino nuevamente.

Si se hubiera rendido, el mundo se habría perdido una de las interpretaciones más sobresalientes de la historia del cine: Béla en el papel del conde Drácula. La primera vez que se lució con la capa y los afilados colmillos fue en 1927, para una obra de teatro. Más tarde, volvió a interpretarlo para el cine. Gracias a su trabajo y constancia, Lugosi dejó una huella imposible de borrar.

MÚSICO

Estados Unidos, 24 de mayo de 1941

Bob Dylan

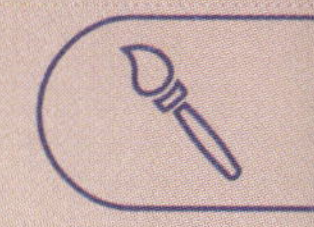

El músico que ganó el Nobel

Robert Allen Zimmerman era un nombre muy serio para un bebé tan pequeño, así que su familia lo llamaba de cariño Bobby o Bob. Su infancia transcurrió frente a las montañas de hierro, en un pequeño pueblo en el que poco sucedía. Su pasatiempo favorito era escuchar la radio, que le permitió descubrir, a temprana edad, los ritmos del *rock* y el *country*.

A los 10 años, quiso estudiar piano, pero no le gustó la forma en que le enseñaban. Esto lo llevó a dar un gran paso: decidió aprender a tocar este instrumento solo, al igual que la armónica y la guitarra. En secundaria, armó su primera banda que imitaba a Elvis Presley, uno de los precursores del *rock*. Estudió un año en la Universidad de Minnesota, pero la dejó. Tenía otros planes en mente.

Se mudó a Nueva York, donde empezó a tocar en los cafés y bares de Greenwich Village. En aquellas veladas, fue creando un estilo propio en el que mezcló letras llenas de fuerza y crítica con los ritmos que más le gustaban. Entre ellos estaba el *folk*, que es la música de la clase trabajadora estadounidense, la cual expresa sus historias y tradiciones. Por esa época, se llamó a sí mismo Dylan.

A los 21 años, lanzó su primer álbum. Bob, de espíritu rebelde, buscó impulsar los derechos civiles y la protesta social en su música. También escribió temas relacionados con filosofía, política y literatura. Siempre estaba en búsqueda de un nuevo sonido, uno único e inconfundible, y lo consiguió.

Esa personalidad tan curiosa y activa lo ha llevado a grabar unos 45 discos, que le valieron ganar decenas de premios Grammy, Globos de Oro, el Oscar, el Pulitzer y el Príncipe de Asturias. Sin embargo, el que más llamó la atención del mundo fue el Premio Nobel de Literatura, porque fue el primer músico en recibirlo por «haber creado una nueva expresión poética dentro de la gran tradición de la canción estadounidense».

INVENTOR

Países Bajos, 27 de julio de 1994

Boyan Slat

El sueño de limpiar los mares

Él era un niño prodigio. Según cuentan sus padres, con solo 2 años, Boyan diseñaba complicados proyectos de construcción e ingeniería. Al cumplir 14, logró un récord Guinness por lanzar 213 cohetes de agua de forma simultánea.

A sus 16, mientras buceaba en Grecia durante unas vacaciones, vio algo que lo dejó impresionado. En el agua había más plástico que peces. Esa imagen lo impactó tremendamente, pues la idea de un mundo así le parecía muy triste. ¿Cómo limpiarlo? Para responder su pregunta, y como parte de un proyecto escolar, se propuso diseñar un sistema para capturar el plástico usando las corrientes del océano.

Años después, con apenas trescientos euros ahorrados y luego de dejar la carrera de Ingeniería Aeroespacial, no podía desarrollar más su idea. Pero todo cambió cuando participó en una conferencia TEDX en 2012. Ahí Boyan presentó sus ideas para limpiar el mar y el video se volvió viral. El respaldo que recibió fue tan grande que decidió fundar una ONG, The Ocean Cleanup. Así, comenzó a trabajar en el prototipo de la máquina que haría realidad su sueño: limpiar la isla de plástico del océano Pacífico, una zona donde se han acumulado más de 80 mil toneladas de desperdicios que contaminan el ambiente.

Su propuesta ganó diversos premios y con ellos recaudó decenas de millones de dólares para impulsar sus inventos. En 2021, presentó su iniciativa: un mecanismo con barreras flotantes que crean un filtro, el cual retiene el plástico contaminante y permite el paso del agua y la fauna del océano.

Con su invento, Boyan retiró 55 mil kilogramos de basura del océano Pacífico en seis semanas. Hoy es uno de los emprendedores más reconocidos del mundo e, incluso, alguna vez se le consideró como el Europeo del Año. Él nos demostró que se puede hacer del planeta un lugar mejor si nos mantenemos fieles a nuestros sueños.

MÚSICOS

Corea del Sur, Jin (1992), Suga (1993), J-Hope (1994), RM (1994), Jimin (1995), V (1995) y Jungkook (1997)

BTS

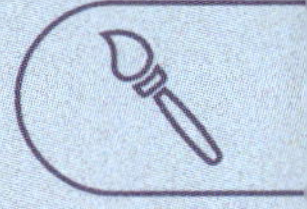

Músicos a prueba de todo

Un día, un ejecutivo musical escuchó rapear a RM (Kim Nam-joon). Para acompañarlo, pensó en formar una banda de *k-pop* con influencias del *hip hop*, *rap*, *rock* y electrónica. Asistieron a la audición miles de jóvenes coreanos hasta que quedaron los siete integrantes, quienes bordeaban los 20 años. Aunque no se conocían, compartían haber tenido el sueño de ser artistas desde niños. Así arrancó todo: se prepararon durante meses, cantando en inglés y coreano, ensayando coreografías y componiendo nuevos temas. Solo necesitaban un nombre.

BTS es la abreviatura de Bangtan Sonyeondan, que se traduce como «*boy scouts* a prueba de balas». Según J-Hope, BTS se trata de «bloquear los estereotipos, las críticas y las expectativas que apuntan a los adolescentes como si fueran balas, para así preservar los valores e ideales de los jóvenes de hoy». Sin embargo, en 2017, cambiaron el significado por «más allá de la escena», para promover el amor propio y la libertad.

El grupo se convirtió en el más conocido del mundo. Pese a tener letras en coreano, que no es un idioma mayoritario, en 2020 tuvo cuatro álbumes número uno en Estados Unidos, un logro que no se veía desde la época de los Beatles. Pero su fama se debe también al compromiso de sus miembros para luchar por un futuro mejor, y han inspirado a miles a seguir su ejemplo.

Los BTS han hecho que el mundo se interese en su país, Corea del Sur, lo que impulsó la economía y dirigió las miradas a su cultura, moda, comida y películas. Han participado en la Asamblea General de las Naciones Unidas, asistieron a la Casa Blanca en Estados Unidos para hablar sobre racismo, han hecho donaciones, entre otras nobles acciones. Si bien ahora están en pausa porque deben cumplir con el servicio militar de su país, no tardan en volver a la música para dar a sus fans mensajes positivos y de gran aliento.

MÚSICO

Brasil, 7 de agosto de 1942

Caetano Veloso

El cantautor único e innovador

En Santo Amaro, una pequeña ciudad del estado de Bahía, en Brasil, nació Caetano. En calles y casas, se escuchaban todo el día alegres melodías de samba y batucadas, música popular brasileña. A él le encantaban estos y otros ritmos, y desde pequeño aprendió a tocar piano. En su casa, además, compartía su amor por la música con su hermana menor, quien se convertiría en la gran intérprete Maria Bethânia.

Caetano creó su primera canción con solo 9 años. A los 24, compuso un primer éxito para su hermana, el cual se hizo muy popular. Luego, grabó su primer álbum, *Domingo*, de la mano de la afamada cantante Gal Costa.

En 1969, debido a problemas políticos, debió huir de Brasil y vivió lejos durante tres años en Gran Bretaña, España e Israel. En estos países, no solo escuchó nuevos ritmos, sino que conoció el trabajo de otros artistas que lo inspiraron, como los libros de Jean Paul Sartre y las películas de Federico Fellini. Sus canciones trataban temas como la violencia, la libertad y la política, algo que no le gustó al gobierno de su país.

Caetano siguió buscando un sonido propio, hasta que encontró, junto con un grupo de amigos, el tropicalismo. Este mezclaba los ritmos populares que había escuchado durante su niñez con el *rock* y sonidos psicodélicos. Pero ese no fue el único. También grabó discos de *bossa nova*, una mezcla de samba y *jazz*, que le dio grandes éxitos.

Caetano ganó fama mundial y grabó con artistas de otras lenguas, países y culturas. En 1994, se le ocurrió tomar canciones de la música popular hispanoamericana para rendirles homenaje en su disco *Fina estampa*; él siempre buscaba algo diferente. Con el paso del tiempo, ganó cinco premios Grammy, uno de los más importantes en el mundo de la música. El aporte de Caetano al arte y la cultura es fruto de su deseo de innovación, y será apreciado por los amantes de la música.

NATURALISTA

Reino Unido, 12 de febrero de 1809 - 19 de abril de 1882

Charles Darwin

El hombre que explicó la evolución

La familia Darwin estaba conformada por Robert, Susannah y sus seis niños. Ellos vivían en una linda casa en Shrewsbury, Inglaterra. El pequeño Charles siempre estaba dispuesto a explorar sus alrededores; adoraba pasar horas al aire libre disfrutando del verano, mientras que, en los inviernos, solía revisar los libros de historia natural que tenía en casa. A los 8 años, ya contaba con varias colecciones de insectos y hojas que mostraba orgulloso.

Charles estudió Medicina en la Universidad de Edimburgo, pero las clases lo aburrían. A los 22 años, un profesor le propuso que se uniera a la expedición científica que el capitán Robert FitzRoy haría en buque. Su trabajo sería recolectar materiales y ayudar en la elaboración de los mapas de las costas de América del Sur.

La expedición duró cinco años. Todo ese tiempo, Charles pensó en las crónicas que había leído del naturalista Alexander von Humboldt, con quien después intercambió cartas en las que comentaban la transformación de las especies. Durante el viaje, Charles quedó fascinado por la diversidad de animales y plantas, los fósiles y los accidentes geográficos.

Con el material que recolectó, se dedicó a escribir varios libros de crónicas. Pero había algo que lo inquietaba: creía que las especies de la tierra no habían sido siempre así, sino que evolucionaron de un antepasado común a través de la supervivencia del más fuerte. A nadie antes se le había ocurrido algo similar.

Desarrollar esta teoría le tomó veinte años de inagotable trabajo. La explicó en su libro *El origen de las especies*, que apareció en 1859. Cuando lo presentó, no todos estuvieron de acuerdo; hubo debates y grandes discusiones, pero poco a poco fue aceptada por la cantidad de información que ofrece. Al día de hoy, la teoría de Charles es la más importante que explica la vida en nuestro planeta, y todo gracias a su tenacidad y agudo sentido de la observación.

MÚSICO

Argentina, 23 de octubre de 1951

Charly García

El padre del *rock* argentino

De niño, al pequeño Carlos le gustaba ir al Museo Argentino de Ciencias Naturales a dibujar dinosaurios. Además, le apasionaban los planetas y los mitos griegos. En la escuela era muy creativo, aunque algo rebelde, pues le costaba estar quieto mucho rato.

Carmen, su mamá, trabajaba como productora de programas de radio y televisión dedicados a la música. Por eso, solía invitar amigos músicos a tocar en casa, donde Carlos se les unía. Fascinado por el ritmo y los acordes, aprendió a tocar el piano de oído, es decir, que lo hizo solo escuchando y viendo a otras personas, sin haber asistido a ninguna escuela.

Sorprendidos por la habilidad de su hijo, sus padres lo inscribieron en el Conservatorio Thibaud Piazzini. Además, le pagaban clases particulares de piano y música. Su primer concierto lo dio a los 4 años, y a los 9 compuso su primer tema, *Corazón de hormigón*. El talento que demostraba era impresionante.

En su adolescencia, fundó una de las bandas más conocidas del *rock* sudamericano: Sui Generis. Publicaron tres álbumes de donde salieron canciones que se volvieron himnos de su época. Luego, Charly se convirtió en solista y trabajó en nuevos discos y también haciendo música para películas. Nunca escapó a la crítica social y política de lo que acontecía en su país y, de hecho, esta es una marca importante en su estilo musical rebelde.

En 2009, le fue otorgado el Premio Grammy a la Excelencia Musical, en reconocimiento a su originalidad e innegable aporte a la música. También ganó tres veces el Premio Gardel de Oro, considerado el más importante de la música en Argentina. La obra de Charly trasciende el *rock* y no hay artista latinoamericano nuevo que no se haya visto influenciado por él.

ESCRITOR

Reino Unido, 29 de noviembre de 1898 - 22 de noviembre de 1963

Clive Staples Lewis

El amigo de un fauno, una bruja y un león

De pequeño, a Clive le fascinaban las historias sobre mitología griega que le contaban sus maestros. También le gustaban las de ocultismo, es decir, cuentos de magia y misterio sobre los secretos de la naturaleza. En su adolescencia, imaginó a un fauno, una figura mitológica mitad hombre y mitad cabra que vivía en bosques nevados. Esta imagen le rondó en la cabeza durante mucho tiempo.

A este personaje lo acompañaban algunos otros que Clive conocía a través de sus lecturas. Su casa, llena de libros, estimulaba su imaginación y lo hacía volar. Al terminar la escuela, consiguió una beca para estudiar Lengua y Literatura inglesa en Oxford, una renombrada universidad europea.

Cuando estalló la Primera Guerra Mundial, Clive fue a luchar por su país. No obstante, en 1918, le dieron licencia tras ser herido en una batalla. Regresó a la universidad, donde conoció a J. R. R. Tolkien, un chico a quien le fascinaban los relatos y que luego escribiría la novela *El señor de los anillos*. Con John, como él le decía, fundó un club para discutir sobre literatura y filosofía.

Un día, Clive paseaba por la biblioteca de Oxford y notó que se topaba frecuentemente con un farol. Al lado, había una puerta con el grabado de un fauno que le recordó su idea de juventud. De ahí nació una de sus más famosas obras: *Las crónicas de Narnia*, en la que buscó destacar la importancia de la valentía, la honestidad, la amistad y la amabilidad.

Narnia, como se le conoce, es una obra compuesta por siete libros, todos llenos de magia y fantasía, que luego fueron llevados a la radio, teatro, televisión, cine y videojuegos. Sus libros han sido traducidos a más de treinta idiomas, han vendido millones de copias y dan vida a un universo de grandes aventuras que puede cautivar a los adultos y, sobre todo, a los chicos.

FILÓSOFO

China, 28 de septiembre de 551 a. C. - 11 de abril de 479 a. C.

Confucio

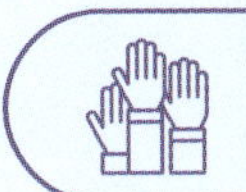

Enseñanzas que perduran milenios

Su verdadero nombre era Kǒng Qiū. Confucio viene del derivado de Kong Fu Zi, que significa «Kong, el sabio». Fue hijo de un comandante de una guarnición en Lu, la ciudad china donde nació. Cuando tenía 3 años, su papá murió, por lo que fue criado por Yan Zhengzai, su mamá, que contaba con escasos recursos.

Estudió en una escuela donde aprendió las seis artes de la cultura antigua China: ritos, música, tiro con arco, equitación, caligrafía y matemáticas. Como venía de una posición humilde, no podía trabajar en el gobierno de su ciudad, que era algo con lo que él soñaba. Así que inició como contador y cuidador de caballos y ovejas. Luego, su trabajo e inteligencia lo llevaron a cargos más importantes, como ministro de obras públicas y ministro de crimen.

Tras dejar sus cargos, después de algún tiempo, emprendió un extenso viaje de 14 años. Con el tiempo, ofreció conferencias y llegó a impartir enseñanzas a más de tres mil discípulos a lo largo de China. Confucio consideraba que el hombre debe preocuparse por los demás y no imponer a otros lo que no quiere que le impongan. Además, pensaba que el ser humano debe reconocer las diferencias entre las personas. Siempre buscó que sus discípulos reflexionaran por sí mismos, ya que el criterio propio es la mejor arma para comprender la existencia.

Sus enseñanzas se recogieron en el libro *Analectas*. La base de su pensamiento, conocido como confucianismo, se centra en la buena conducta en la vida, el buen gobierno del Estado, la tradición, el estudio y la meditación. La influencia que ejerció fue tan grande que es parte de la cultura china hasta la actualidad. Su sabiduría no solo transcendió siglos, sino las fronteras de su país para alcanzar al mundo entero.

FUTBOLISTA

Portugal, 5 de febrero de 1985

Fue una decisión importante porque implicaba mudarse solo a la capital y dejar a su familia. Lloró varios días seguidos tras pisar su nuevo hogar, pero el tiempo le demostraría que hizo lo mejor.

Durante los siguientes años, se dedicó exclusivamente a entrenar y a dar su máximo esfuerzo en la cancha. Hizo realidad su sueño: ser el máximo goleador del club más laureado de Europa, el Real Madrid, y ser campeón de Europa con Portugal. Cristiano ha logrado casi todo lo que se ha propuesto.

Tras haber pasado por los clubes más importantes de Europa, figuran entre sus récords más conocidos: cinco Balones de Oro, cinco Premios FIFA al mejor jugador del mundo y cuatro Botas de Oro, reconocimientos en los que suele estar en competencia con Lionel Messi. De hecho, con cerca de novecientos goles anotados en 22 años de carrera, es el máximo goleador de todos los tiempos, además de ser considerado el futbolista más completo y uno de los mejores en la historia de este deporte. Un gran Bicho: fuerte, trabajador y resiliente.

ESCRITOR

Uruguay, 3 de septiembre de 1940 - 13 de abril de 2015

Eduardo Galeano

Un talento tan grande como América Latina

Cuando Eduardo era un bebé, su papá lo llevaba al estadio. Solía abrigarlo con una cobija y cargaba un bolso con pañales. Desde entonces, surgió su gran pasión por el futbol, y esta lo acompañó toda la vida. Pero lo suyo no sería el deporte, sino el periodismo. Al cumplir 14 años, vendió su primera caricatura a *El Sol*, una revista política de Montevideo. Aunque su familia era de clase alta, desde joven tuvo varios oficios, como obrero de fábrica, dibujante y hasta cajero de banco.

A los 19, era jefe de redacción en *Marcha*, una publicación semanal. Le encantaban los cierres de edición, así como leer las noticias y escribir sobre las necesidades de sus compatriotas.

Pasado un tiempo, se fue a estudiar a París. Al volver, en 1971, publicó el ensayo *Las venas abiertas de América Latina*, su libro más famoso. En él, reflexiona sobre cómo desde la Colonia, y hasta la actualidad, los conquistadores y las autoridades han saqueado los recursos naturales de Latinoamérica, algo que generó pobreza para millones y riqueza para unos pocos. Era una obra de denuncia escrita con gran maestría.

En Uruguay, Argentina y Chile, prohibieron la lectura de su libro por miedo a que el pueblo se sublevara contra sus gobiernos. Siempre se mostró crítico y firme al hablar de política; incluso, fue detenido en 1973, y luego tuvo que abandonar su país por varios años. Pero eso no lo detuvo y siguió escribiendo fiel a sus ideales.

Eduardo publicó más de cuarenta libros en los que combinó los géneros de documental y ficción con el periodismo, la política y la historia. Con su obra, difícil de clasificar, demostró que se pueden abordar temas sociales de manera directa sin perder la belleza del lenguaje. Hoy en día, su trayectoria provoca que sea reconocido como uno de los escritores más influyentes en Latinoamérica, y eso no habría sido posible sin ese espíritu rebelde que lo caracterizaba.

ATLETA

Kenia, 5 de noviembre de 1984

Eliud Kipchoge

El niño que corría para ir a la escuela

Tres kilómetros diarios tenía que recorrer Eliud para ir a la escuela. En el camino, competía con sus tres hermanos para ver quién era el más rápido, y siempre ganaba. Al regresar a casa, ayudaba a su mamá con la limpieza y el orden, así como con otras tareas domésticas. Por las tardes, le gustaba relajarse un rato leyendo.

Desde pequeño, supo que quería ser corredor. Un día, a los 16 años, fue a buscar a Patrick Sang, un antiguo medallista olímpico de Kenia. Sang se convirtió en su entrenador en cuanto se percató de que la mamá de Eliud había sido su maestra de guardería. «El destino me había traído hasta aquí. Podía devolverle sus enseñanzas formando a su hijo. Kipchoge y yo ya nunca nos separamos», dijo Patrick.

Después de tres años de arduo entrenamiento con Sang, compitió por primera vez en los Juegos Olímpicos de Atenas 2004, donde ganó una medalla de bronce. Esto lo motivó a seguir esforzándose con miras a las siguientes olimpiadas, en las que él iba tras el oro. Ganó una de plata en Beijing 2008, en la competencia de 5 000 metros. En Río 2016 y Tokio 2020, ganó las medallas de oro en los maratones.

Eliud es considerado uno de los maratonistas más grandes del deporte y mantiene el récord mundial de poseer cuatro de los diez maratones más rápidos en la historia. Además, fue elegido Atleta del Año por el World Athletics en 2018 y 2019, y recibió el Premio Príncipe de Asturias de los Deportes en 2023.

Sin embargo, su fama no solo está en las pistas de atletismo, pues ha creado una fundación que vela por el acceso a la educación infantil y la protección del medioambiente. Como él dice, el atletismo no se trata de las piernas, sino del corazón y la mente, y Eliud ha demostrado poseer un noble corazón.

MÚSICO

Reino Unido, 25 de marzo de 1947

Elton John

Un real caballero de la música

Sheila, la madre de Elton John —a quien entonces llamaban Reggie—, entró a la sala de su casa y se encontró con una sorpresa. Su pequeño estaba interpretando en el piano una melodía que recién había escuchado en la radio. Para estimular su talento, lo impulsaron a tocar dicho instrumento y, con apenas 4 años, podía ejecutar melodías simples. Tres años después, ya tocaba en las fiestas familiares.

A los 11, ganó una beca en la Royal Academy of Music de Inglaterra, donde fue a aprender música. Cuando cumplió 17, se dio cuenta de que lo suyo era más el *rock* y no tanto la música clásica. Así que decidió dejar sus estudios y trabajar en los *pubs* de su ciudad.

En 1964, formó la banda Bluesology. Allí adoptó el nombre de Elton John, como un homenaje a dos músicos que admiraba: Long John Baldry y el saxofonista Elton Dean. Ese fue el nacimiento de la leyenda.

Elton llamaba la atención por sus maravillosas canciones y porque se vestía diferente. Usaba vestuarios coloridos y brillantes, lentes enormes y de formas llamativas, zapatos con plataformas y sombreros con plumas. Nadie quería perderse sus presentaciones. A él no le importaba que los demás artistas lucieran de manera más convencional, por el contrario, quería ser él mismo. Fue criticado, pero el éxito de su música terminó por posicionarlo en los escenarios de su país, de Europa y el mundo.

Sus logros han continuado hasta la actualidad, al punto de que la misma reina Isabel II de Inglaterra lo nombró Caballero en 1996. Con más de sesenta años de carrera, 32 álbumes de estudio y más de trescientos millones de copias vendidas, Elton John es uno de los artistas más destacados y queridos. Además, tiene una fundación contra el VIH, que ha reunido más de doscientos millones de dólares para la investigación y prevención de esta enfermedad. Elton ha sabido llevar su brillo dentro y fuera de los escenarios.

CINEASTA

Italia, 20 de enero de 1920 - 31 de octubre de 1993

Federico Fellini

Un soñador de la realidad

Cada vez que llegaba un circo a la ciudad, el corazón de Federico saltaba. Amaba ir a aquellas coloridas carpas tan iluminadas, sentir la atmósfera y, más que nada, apreciar los personajes tan sorprendentes y diferentes que allí actuaban: los forzudos, acróbatas, bufones, tragafuegos y demás. Podía asistir una y otra vez a cada función sin perder el entusiasmo.

Pero si Federico no estaba sentado en las gradas de un circo, seguramente estaba dibujando historietas. ¡Y realmente era muy bueno! Era tan talentoso que, al crecer, uno de sus primeros empleos fue en una sala de cine. Él era el encargado de retratar a los artistas para anunciar las películas. Comenzó a pasar mucho tiempo allí, viendo todo lo que podía, y las cintas que más le gustaban eran las de aventuras, las cómicas, las de fantasía y también un poco las de terror.

No pasó mucho para que escribiera sus propios guiones para películas. ¡Escribió aproximadamente noventa en total durante su vida! Aun así, Federico quería más, por lo que decidió incursionar en la dirección. En cada cinta que realizó había algo especial: un ambiente de fantasía, como si fuera un sueño, pero a la vez mucha realidad.

Sus obras se volvieron muy conocidas y respetadas. A lo largo de su carrera, ganó cuatro veces el Premio Oscar a la mejor película extranjera. Federico pasó a la historia del cine por su habilidad para narrar historias y por haber influenciado a generaciones de directores. Él le enseñó al mundo a amar y disfrutar de aquellos personajes extravagantes que tanto le gustaron de niño y creó un universo similar al de un sueño conmovedor.

INVESTIGADOR

Colombia, 21 de abril de 1986

Felipe García Quiroz

El deseo de curar el Alzheimer

Cuando Felipe estaba en el colegio, hubo una clase que lo impactó. En el curso de Biología, le enseñaron sobre la composición de las células, el componente más pequeño y básico de los seres vivos. Entusiasmado, investigó más y más. Se la pasó leyendo cada libro que había acerca de este tema en la biblioteca de su escuela. Los periódicos y enciclopedias no escaparon de su interés. Él quería comprender qué pasaba en esas pequeñísimas partes de nuestro organismo.

Al concluir el colegio, deseaba estudiar Ingeniería Biomédica, pero su familia no contaba con el dinero suficiente para pagar una carrera tan especializada. Debido a su esfuerzo y buen rendimiento académico, Felipe ganó una beca que le permitió comenzar la universidad a los 15 años. Luego, viajó a Estados Unidos a seguir, primero, una maestría y, después, un doctorado en la Universidad de Duke.

Felipe amaba estudiar y esto lo llevó a un logro destacable: desarrolló sensores para ubicar los elementos que impulsan el Alzheimer, una enfermedad que genera la muerte de células del cerebro y presenta síntomas graves como la pérdida de la memoria. Su aporte hacía posible detectar más temprano este padecimiento, un paso importante para lo que a él le interesaba: descubrir cómo detenerla o, en todo caso, generar mejores tratamientos.

A raíz de sus investigaciones, recibió un gran reconocimiento: el Premio Nuevo Innovador 2022 del Instituto Nacional de Salud de Estados Unidos. Hoy lidera un grupo de científicos que obtuvo dos millones cuatrocientos mil dólares para continuar con su investigación durante los próximos cinco años. Como Felipe no se cansa de aprender, ahora sigue un posdoctorado en la Universidad de Rockefeller, pues todavía desea conocer más sobre aquellas pequeñas células que dan vida a todo.

PINTOR Y ESCULTOR

Colombia, 19 de abril de 1932 - 15 de septiembre de 2023

Fernando Botero

De Medellín para el mundo

Fernando nació en la exuberante región de Antioquia, en Colombia. Desde niño, tuvo a su alrededor colores, olores, formas y sonidos muy llamativos. Le gustaba ver cómo las guayabas, papayas y guanábanas, enormes y deliciosas, adornaban la mesa de su casa. También disfrutaba pintar, dibujar y colorear.

Cierto día, le pidió a un tío que lo llevara a la plaza de toros. El espectáculo no le fue muy grato, por lo que pintó una acuarela para procesarlo. Después de ello, a los 12 años, le quedó claro que quería ser pintor. Tomó clases y, cuatro años después, celebraba su primera exposición en su ciudad.

Pagó la escuela secundaria haciendo ilustraciones para un diario local. Por ese entonces, publicó un artículo sobre Picasso, en el que se notaba su interés por encontrar un estilo artístico propio y diferente. Luego, con mucho esfuerzo logró viajar por varias ciudades europeas para conocer más sobre arte. Sobrevivía vendiendo dibujos y pinturas afuera del Museo del Prado de Madrid.

De visita en México, a finales de 1950, Fernando se puso a dibujar una mandolina, que es un instrumento de cuerda. Por un impulso, la dibujó más ancha, gorda y redonda. El resultado le encantó, así que continuó dibujando y pintando lo que veía de esa manera. No obstante, la mayoría de los críticos despreciaron su nuevo estilo, el cual hoy conocemos como boterismo.

Sin embargo, él no desistió. No solo pintó frutas, personajes, paisajes y animales, también hizo enormes estatuas de bronce de gatos y mujeres desnudas. Veinte años más tarde, Fernando se convirtió en uno de los artistas vivos más reconocidos del mundo. Ciudades como Viena, Madrid o Londres tienen exposiciones permanentes y públicas, lo que hace que esté presente en el paisaje y la vida de millones de personas.

MÚSICO

Tanzania, 5 de septiembre de 1946 - 24 de noviembre de 1991

Freddie Mercury

Su Majestad, la voz de una generación

El pequeño Farrokh nació y vivió sus primeros años en la isla de Zanzíbar. Cuando sus padres lo mandaron a estudiar a la India, sin saberlo, lo enviaban también al encuentro con la música, su gran pasión y el campo en el que se volvería un icono.

Allí, sus maestros y compañeros comenzaron a llamarlo cariñosamente Freddie, como luego lo conocería el mundo. Aprendió a tocar el piano, además de otros instrumentos, y no tardó en formar su primera banda musical.

A los 24 años, en Londres, Freddie se unió a Brian May y a Roger Taylor para formar la banda Queen, en la que fue cantante y compositor. Al poco tiempo, se sumó John Deacon para completar al que es considerado uno de los mejores grupos de *rock* de la historia. Su carisma y energía, y en especial su potente y maravillosa voz, hicieron que se volviera una celebridad mundial. Cuando Mercury subía al escenario, era imposible prestar atención a algo más. Su inigualable talento, su extravagancia al vestir y su energía establecían una conexión tan fuerte con el público que lo hacía vibrar, cantar, saltar... Freddie era el amo y señor. Era el rey.

Tocó y cantó en miles de conciertos y compuso éxitos musicales como *Bohemian Rhapsody, We Are the Champions, Don't Stop Me Now* y más. Sus discos vendieron millones de copias y su privilegiada voz se sigue escuchando en cada rincón del mundo.

Pero una noticia cambió su vida. En 1987, le diagnosticaron VIH, padecimiento que en ese entonces era mortal. A pesar de los prejuicios que debió enfrentar, usó su fama para recaudar fondos en beneficio de la lucha contra esta enfermedad. Falleció con tan solo 45 años, pero sus amigos, Brian y Roger, fundaron una asociación benéfica en su memoria para seguir estudiando el VIH. Mercury lo dejó todo dentro y fuera de los escenarios, y es recordado como una leyenda.

ABOLICIONISTA

Estados Unidos, 14 de febrero de 1818 - 20 de febrero de 1895

Frederick Douglass

En busca de la libertad

Frederick nació en una plantación del estado de Maryland, en Estados Unidos. Su madre, afrodescendiente, era esclava y él tenía la misma condición, por lo que su único futuro era trabajar en los campos de cultivo. A la edad de 8 años, fue enviado a casa de una familia de personas blancas, donde le enseñaron el alfabeto.

Aunque la educación estuviera prohibida para las personas de piel negra, Frederick entendió que esta le daba un poder sin igual. Por eso, en secreto, continuó aprendiendo a escribir y leer, de manera autodidacta. Esta nueva habilidad hizo que creciera su esperanza de ser libre.

Mientras leía periódicos y libros de política, Douglass pensaba cómo cambiar la vida de miles de esclavos que vivían en su país. Intentó huir muchas veces, lo que le costó graves castigos y lágrimas. Sin embargo, no se dio por vencido. Escapó a Nueva York en 1838, y luego a Massachusetts. Una vez que se sintió seguro, participó en reuniones en busca de la libertad. En 1841, relató su historia de vida en una convención contra la esclavitud. Su discurso fue tan conmovedor que se convirtió en una figura nacional del abolicionismo, movimiento que buscaba la libertad de los esclavos.

A los 27, escribió su autobiografía, en la que mostró de manera realista lo que era vivir bajo la esclavitud. Cuando se desató la Guerra Civil estadounidense, Frederick fue el asesor del presidente Abraham Lincoln. Se convirtió en el funcionario de color de más alto rango de su tiempo y abogó por los derechos civiles de los negros, así como por los de las mujeres.

Por si fuera poco, fue el primer afroamericano en ser nominado a la vicepresidencia de Estados Unidos. Su influencia fue tan grande en la historia estadounidense que hasta buscó la unificación con los esclavizadores. La lucha incansable de Frederick es un ejemplo de valentía y esperanza.

EMPRENDEDOR

Japón, 22 de noviembre de 1859 - 1 de enero de 1940

Fusajirō Yamauchi

La revolución del mundo de los juegos

De joven, Fusajirō trabajaba con su padre en una fábrica de cemento. A pesar de su corta edad, tenía un especial interés por los negocios, y en la fábrica aprendía mucho; pero esto no le impedía disfrutar del arte y los trabajos manuales, como el dibujo y la pintura.

Un día, con la corteza de los árboles mitsu-mata, creó unas cartas muy llamativas que podían usarse para diversos juegos de mesa. A mano, pintó en ellas imágenes de grullas, ruiseñores, cerezos, ciruelos y mariposas. En otras, trazó retratos de hombres y mujeres japoneses. Al ver cada carta que había pintado, uno podía sentir que estaba contemplando una pequeña obra de arte. ¡Eran realmente hermosas!

Poco después, fundó una empresa llamada Nintendo para vender sus originales barajas. Estas se volvieron famosas por su belleza y buena calidad, pues no se estropeaban al utilizarlas. ¡Cada vez más personas las adquirían! Fusajirō podría haberse detenido ahí, pero él buscaba más. Le motivaba la idea de mejorar sus cartas, le causaba satisfacción que las personas las admiraran y se sintieran felices al tenerlas. Decía que eso le traía suerte.

Pensando siempre en mejorar, se dio cuenta de que todavía más personas podrían acceder a ellas, si las hacía de plástico. Así, las cartas bajaron de precio y Fusajirō siguió creando atractivos diseños. ¡Siempre había una novedad! Por eso, la gente empezó a coleccionarlas.

A los 70 años, se retiró de la empresa que había fundado, la cual pasó a manos de su familia. Su bisnieto, Hiroshi, años más tarde, la transformó en el referente de los videojuegos que es en la actualidad. Sin embargo, fue Fusajirō quien sembró la semilla de ese gigante de la industria de las consolas en el mundo.

ESCRITOR

Colombia, 6 de marzo de 1927 - 17 de abril de 2014

Gabriel García Márquez

Tan real como maravilloso

Gabito, como le decía su familia, era un niño que adoraba pasar las tardes con sus abuelos. Su abuelo Nicolás, que era joyero, le enseñaba cómo hacía pescaditos de oro, le contaba sobre la antigua guerra en la que peleó o lo llevaba al circo. Tranquilina, su abuela, era muy supersticiosa y le contaba historias de magia, premoniciones y fantasmas.

De joven, trabajó en un diario como reportero mientras estudiaba Derecho en la universidad. Solía escribir acerca de los principales sucesos que acontecían en su ciudad, en su país y, cuando podía, escribía cuentos también. Ahí descubrió en el periodismo una de sus grandes pasiones.

Un día, tras una jornada de trabajo, se embarcó en la escritura de una historia larga acerca de una familia que vivía experiencias muy raras pero cotidianas, cosas que podían pasarle al vecino o a un primo. Durante 18 meses, sus recuerdos de infancia y su desbordante imaginación se entrelazaron y dieron como resultado una historia absolutamente original y cautivante. En ese tiempo, él y su esposa enfrentaron muchas limitaciones económicas, pues Gabo dedicaba casi todo su tiempo a escribir. Con el poco dinero que les quedaba, consiguió enviar la novela a una editorial.

La obra era *Cien años de soledad*, que tuvo gran éxito en varios países y es considerada una de las más importantes del siglo XX. Con ella, Gabo fue reconocido como un maestro del realismo mágico, un estilo literario que presenta lo fantástico y extraordinario como algo común y cotidiano.

En 1983, ganó el Premio Nobel de Literatura, gracias a su gran talento. Nunca olvidó sus días en su pequeño pueblo rodeado de historias, familia y, sobre todo, del amor de sus abuelos. Gabo se siguió alimentando de sus recuerdos para crear cuentos y novelas que continúan vendiendo miles de ejemplares en el mundo, incluso después de su fallecimiento.

CINEASTA

Estados Unidos, 14 de mayo de 1944

George Lucas

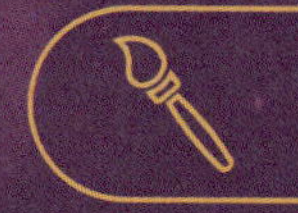

El más grande cineasta de la galaxia

George no tuvo un televisor sino hasta los 10 años. Se entretenía con los pequeños carritos que sus papás le regalaban. Podía pasar horas y horas jugando con ellos, deslizándolos por alguna superficie o acomodándolos para una competencia. De grande quería ser piloto de carreras, pero tras sufrir un fuerte accidente automovilístico, cambió de planes.

Entró a la universidad con la intención de ser fotógrafo; sin embargo, su papá se opuso a esa elección. Así, optó por la carrera de cine, pues pensó que ahí podría llevar algunos cursos de fotografía. Él no sabía nada de películas, pero una vez que iniciaron sus cursos se dio cuenta de que le fascinaba. Fue entonces que comenzó a hacer sus primeras películas.

George solía leer historias de ciencia ficción sobre aventuras espaciales y animales que se rebelan contra los humanos. Esto lo inspiró a escribir un guion original sobre guerras en el espacio, con naves muy modernas y todo tipo de personajes: humanos, androides, extraterrestres y más. Le tomó meses terminarlo. Se trataba de *Star Wars*.

Como director, puso mucho empeño en utilizar al máximo toda la tecnología disponible para que los viajes espaciales parecieran reales, con naves muy vanguardistas y música extraordinaria que acompañara las aventuras de los personajes. Esa combinación conquistó a los espectadores, tanto de esa época como a los de generaciones posteriores. El éxito que tuvo fue enorme, y por eso se filmaron nueve películas en total del universo *Star Wars* en las que George estuvo involucrado.

También escribió la historia de *Indiana Jones*, película que tuvo varias secuelas y sumó millones de espectadores. No hay nadie que no conozca las películas o, por lo menos, los personajes creados por George. Su huella en la historia del cine es imborrable.

CINEASTA

México, 9 de octubre de 1964

Guillermo del Toro

El amigo de los monstruos

Una noche, entre sueños, el pequeño Guillermo necesitaba ir al baño. Al ver que en su habitación había seres chiquitos y extraños, se quedó paralizado. Tenía mucho miedo, pero sus ganas de orinar eran mayores. ¿Qué podía hacer? Se le ocurrió proponerles un pacto: si lo dejaban ir al baño, él sería amigo de ellos para siempre.

En ese entonces, Guillermo tenía tan solo 3 años, pero nunca olvidó esa promesa. En todas las películas que filmó desde adolescente, incluía alguna referencia a sus extrañas amistades. El universo de fantasía siempre le pareció cautivador. Tal era su fascinación que poco a poco se fue involucrando en los temas de maquillaje, para poder replicar en las personas la apariencia de sus monstruos, y en los efectos especiales, para recrear escenarios y situaciones fuera de este mundo.

Sin embargo, nadie hacía ese tipo de cine en México, ya que el género fantástico no estaba de moda. En esos años, se prefería rodar películas de acción, de amor o de terror, pero a Guillermo no le importó. Entonces fue que decidió «no hacer ninguna película por la que no estuviera dispuesto a empeñar mi casa», tal como afirmó luego.

Mientras filmaba, solía tener cuadernos con anotaciones y dibujos sobre personajes fantásticos para sus futuras grabaciones. Prestaba mucha atención a los detalles y era muy perfeccionista en todos sus trabajos. El resultado eran películas en las que los seres extraordinarios y monstruosos se sienten muy cotidianos para los espectadores. En películas como *El laberinto del fauno* y *La forma del agua*, su fantasía se logra mezclar con la realidad de los espectadores.

Una grandísima imaginación y muchísimo esfuerzo han permitido que Guillermo lograra rodar más de 14 películas y ganara tres Premios Oscar, el mayor reconocimiento fílmico del mundo. Y lo mejor es que todavía tiene muchas más historias que contar.

DIRECTOR DE ORQUESTA

Venezuela, 26 de enero de 1981

Gustavo Dudamel

El niño de la batuta

Cuando Gustavo era pequeño, jugaba a los soldaditos, pero no a la guerra. Los ponía en posición de orquesta, hacía sonar música y él era el director. Esa forma de jugar no resulta extraña si consideramos que, a los 4 años, ya se había iniciado en las clases de violín. Tuvo la oportunidad de educarse en el Sistema Nacional de Orquestas y Coros Juveniles e Infantiles de Venezuela, una obra social que les permitió a muchos niños como él formarse como músicos y directores de orquesta.

A los 12 años, un maestro, consciente de su talento, le permitió dirigir un concierto por primera vez y fue asignado como director asistente. A los 15, fue nombrado director de la Orquesta Juvenil Simón Bolívar de Venezuela. Tener esos logros a esa edad no fue obra de la casualidad. Gustavo ha sido reconocido por su gran disciplina y por pasarse horas estudiando, totalmente comprometido con su arte.

Pocos años después, dio su gran salto internacional: ganó el Concurso de Dirección Gustav Mahler, una competencia muy importante en Europa, en la que participan músicos de todo el mundo. Desde entonces, orquestas musicales de las principales ciudades quisieron que Gustavo fuera su director. A los 35 años, se convirtió en el director más joven del Concierto del Año Nuevo de la Orquesta Filarmónica de Viena, y ha sido el primer latinoamericano en estar al frente de la Orquesta Filarmónica de Nueva York.

Gustavo vive la música plenamente y consigue transmitir esa pasión a los músicos que dirige. Además, busca acercar la música a niños y jóvenes en condiciones desfavorecidas a través de diversos programas sociales en su país. Nadie mejor que él sabe lo que la magia de este arte puede hacer en ellos.

ACTIVISTA

Alemania, 22 de septiembre de 1918 - 22 de febrero de 1943

Hans Scholl

Una rosa contra la injusticia

Hans era querido en su comunidad por su alegría y buen ánimo. Si algo lo caracterizaba era que siempre se preocupaba por los demás. Desde pequeño, compartía varias actividades con otros niños, como ir a jugar al aire libre, dar paseos por el bosque o cuidar los parques y jardines. Una vez que terminó la escuela, continuó conviviendo con sus vecinos y compañeros de clase.

Pero aquella vida armoniosa acabó cuando comenzó la Segunda Guerra Mundial. Hans había estudiado Medicina, así que lo enviaron a los hospitales militares para atender a los soldados alemanes. Mientras hacía sus labores, pudo darse cuenta de que cometían muchos abusos contra las personas. Si bien representaban a su país, eso no era justo. Por esa razón, decidió hacer público lo que había visto y luchar para que eso parara.

Como no contaba con recursos ni dinero, empleó lo único que tenía: sus palabras. De regreso a su ciudad, imprimió folletos y volantes en los que explicaba lo que sucedía en el campo de batalla, y pedía que más personas rechazaran la guerra. Otros jóvenes se unieron a Hans y así surgió el grupo de resistencia La Rosa Blanca, cuya única arma era la palabra. Ellos se oponían a los abusos del nazismo, la ideología política que en ese momento era mayoritaria en Alemania y los había llevado a la guerra.

Hans sabía que corría serio peligro al cuestionar y criticar las acciones de su gobierno y que lo podrían condenar a muerte si lo atrapaban. Pero para él era peor quedarse callado y permitir que se siguieran cometiendo tantas injusticias.

Cuando fue capturado, y sentenciado a muerte, Hans estaba tranquilo de saber que hizo lo correcto y que todo ese sacrificio había valido la pena.

ACTIVISTA

Estados Unidos, 22 de mayo de 1930 - 27 de noviembre de 1978

Harvey Milk

La esperanza de un mañana mejor

A Harvey le gustaba mucho jugar futbol americano. En eso se parecía a los demás niños de su colegio y de su vecindario. No obstante, había algo que lo diferenciaba de ellos: a él no le gustaban las chicas, sino los chicos. Y si bien se dio cuenta de esto cuando era un adolescente, lo mantuvo en secreto. En aquellos años, podía terminar en prisión por algo así.

Conforme Harvey fue creciendo, conoció a más chicos a quienes les gustaban los hombres y notó que, al igual que él, también debían ocultarlo; incluso en el trabajo no podía ser él mismo, pues podían despedirlo.

Cuando Harvey abrió una tienda de fotografía, ahí se reunían amigos suyos y vecinos cercanos. Ellos conversaban sobre los problemas que enfrentaban a diario por ser homosexuales, ancianos o de piel negra. Se dio cuenta de que había grupos a los que les costaba más que a otros poder tener una vida tranquila y feliz. Eso le parecía injusto y no entendía por qué ninguna autoridad de su ciudad o su país se ocupaba de mejorar la situación.

Harvey quería darles a todos la esperanza de un mañana mejor. Sabía que lo podía lograr si llegaba a ser supervisor de su ciudad, así que postuló al cargo y ganó. Aunque tuvo que enfrentar amenazas, ofensas y discriminación, se convirtió en la primera persona abiertamente gay en ser elegido para un cargo público en Estados Unidos.

Como supervisor, Harvey logró otorgarles derechos a las personas gay para que pudieran vivir tranquilas en su ciudad. Sin embargo, no alcanzó a realizar todo lo que planeó, ya que un día su contrincante político le disparó en su oficina. A pesar de su muerte, su maravilloso legado seguirá vivo: animó a muchísimas personas a aceptarse y defenderse de la discriminación.

DIRECTOR DE CINE DE ANIMACIÓN

Japón, 5 de enero de 1941

Hayao Miyazaki

Un revolucionario de la imaginación

Hayao creció durante la Segunda Guerra Mundial, conflicto en el que Japón fue bombardeado. Por eso, sus primeros recuerdos son de edificios en llamas, huidas a lugares seguros y aviones sobrevolando su ciudad. Pese a ello, su padre despertó en él la fascinación por volar y esto lo acercó al dibujo, pues soñaba con diseñar máquinas voladoras.

Cuando tenía 6 años, su mamá enfermó y tuvo que pasar mucho tiempo en cama. Hayao se sentaba a su lado a leer mangas mientras le hacía compañía. Era su forma de escapar de la tristeza. Devoró estas historias ilustradas durante horas, días y meses, hasta que decidió crear las suyas. Inventaba mundos de fantasía para escapar de la tristeza de ver a su madre en esa condición.

Hayao estudió Dibujo y luego Economía en la universidad. Al terminar, ejerció como artista de animación y participó en proyectos exitosos como las series animadas *Heidi, Marco* y *Ana de las Tejas Verdes.* En estos, trabajó junto a Isao Takahata, quien luego fue su socio.

Años después, en 1985, junto a Takahata, abrió su propio estudio de animación, el famosísimo Studio Ghibli, donde hasta hoy produce sus propias películas. En ellas, cuenta lo dulce y amargo de la vida; mezcla personajes reales con espíritus o animales ficticios que los espectadores terminan amando.

A través de películas como *El viaje de Chihiro* y *Mi vecino Totoro,* nos acerca a Japón y nos sorprende con la precisión de sus hermosas escenas llenas de detalles, dibujadas a mano y animadas parte por parte, en un proceso minucioso y artesanal que puede tomar meses. Hayao sigue apostando por un estilo único que ha sido aclamado por los especialistas y se ha ganado el corazón del público.

FOTÓGRAFO

Francia, 22 de agosto de 1908 - 3 de agosto de 2004

Henri Cartier-Bresson

El ojo del siglo

A Henri, desde muy niño, su tío Louis lo inició en la pintura. Lo hacía jugar con los colores y expresarse libremente con ellos. Tanta fue su afición que podía pasarse horas y horas dibujando. Había descubierto que lo suyo eran las imágenes. Por eso, al terminar la escuela, estudió Pintura y Literatura en la universidad, pero sentía que algo le faltaba.

A los 21 años, el regalo de un amigo causó una revolución en su vida. Se trataba de una cámara fotográfica. Henri aprendió que podía capturar instantes para siempre, por más rápidos y breves que fueran, y eso le pareció mágico. Todo lo quería retratar a través de un lente.

Para Henri, lo más importante era estar atento a lo que pasaba a su alrededor. Dejarse maravillar por lo que el mundo le ofrecía. En una ocasión, un amigo suyo dijo que Henri le había mostrado una foto muy bella de unos niños en un salón al aire libre y le contó que había tomado la fotografía un día que ambos estuvieron juntos. Pero el amigo no recordaba haber visto a los niños. Ese era su don: ver lo que para otros era imperceptible, captar la belleza de lo cotidiano.

Henri prefería que los demás no se dieran cuenta de que él los fotografiaba. Quería mostrar la espontaneidad, no una pose. Con el tiempo, se convirtió en un reportero visual de lo que pasaba a su alrededor. Inmortalizó imágenes de guerras, revueltas, accidentes y la vida diaria que tanto le interesaba.

En sus últimos años de vida, Henri se despidió de la fotografía para retomar la pintura. Su innovador estilo y su particular habilidad para captar el momento justo lo elevaron al nivel de mito del arte visual. Por eso, se le conoce como «el Ojo del Siglo» y hoy es considerado el padre del fotoperiodismo.

FÍSICO

Inglaterra, 4 de enero de 1643 - 31 de marzo de 1727

Isaac Newton

Todo empezó por una manzana

El pequeño Isaac era muy curioso. Solía leer bastante y también disfrutaba la cercanía con la naturaleza. No importaba dónde estuviera, él se fijaba en los acontecimientos que sucedían a su alrededor, por muy pequeñitos o cotidianos que parecieran.

En la escuela, tuvo dificultades: los maestros se quejaban de su falta de atención, así que su mamá lo retiró y siguió estudiando en casa, con apoyo de su tío. Nadie imaginaba que aquel niño distraído se convertiría en uno de los grandes genios de la ciencia moderna.

Cuenta la leyenda popular que, en una ocasión, Isaac se sentó a descansar bajo un árbol, pero su momento de relajación fue interrumpido por un golpe. Una manzana del árbol le había caído en la cabeza. «¿Qué provocó que la manzana cayera al suelo?», se preguntó Isaac y eso lo llevó a reflexionar en las razones por las cuales todas las personas, animales y cosas estamos pegados al suelo y no flotando en el aire. ¿Es que acaso hay algo que nos jala hacia abajo?

Al mirar al cielo y ver la luna, también se preguntó si la razón por la que esta giraba alrededor del sol era la misma fuerza que atraía a los objetos al suelo, es decir, el centro de la Tierra. Sus preguntas parecían no tener límites. Era un gran observador.

Tras muchos años de investigación, publicó un libro conocido como *Principia*. En este, detalla sus descubrimientos, como la ley de la gravedad, que explica el movimiento de los objetos tanto en la Tierra como en el universo. Además, descubrió que, al contrario de la creencia popular, la luz blanca era la mezcla de diferentes colores, los que se pueden ver en el arcoíris. Por esos y otros aportes, Newton es reconocido como uno de los grandes genios de las matemáticas y las ciencias de toda la historia de la humanidad. Gracias a él, entendemos mejor lo que nos rodea.

ESCRITOR

Sudáfrica, 3 de enero de 1892 - 2 de septiembre de 1973

J. R. R. Tolkien

El escritor que reinventó la fantasía

Durante su infancia, John Ronald Reuel, conocido como J. R. R., amaba estar al aire libre y rodeado de plantas, ir de excursión por los bosques y campos abiertos, subir colinas y ver la ciudad desde lo alto, explorar lugares nuevos y pasar el día entero en la naturaleza. También disfrutaba ideando aventuras que lo llevaban a parajes nuevos y fantásticos con sus amigos, aunque todo ocurriera solo en su cabeza. Cuando no podía estar fuera de casa, porque el clima se lo impedía, él se entretenía dibujando paisajes y árboles, esperando con ansias poder salir de nuevo.

Al crecer, J. R. R. trabajó como profesor en la universidad, pero nunca dejó de lado su fascinación por crear mundos enteros e idiomas completos en su mente. Cuando tuvo hijos, se animó a crear cuentos para ellos. Unas veces, los relatos que les contaba eran cortos, pero otras podían extenderse durante horas y horas. Su imaginación parecía no tener límites.

Así inventó una historia larguísima sobre un *hobbit*, un ser pequeño pero con pies muy grandes. Era la narración del viaje que hace el protagonista para recuperar un reino que había sido arrebatado por un dragón. En esta aventura, lo acompañan un mago y otros personajes fabulosos.

Esta novela, llamada *El hobbit*, había sido pensada para sus hijos, pero una amiga suya la leyó y le gustó tanto que se la mostró a una editorial. De esa manera, este extraordinario relato llegó a miles de personas y a J. J. R. le pidieron que escribiera otra novela más. Y la hizo, una que resultó muchísimo más larga: *El señor de los anillos.* Ambas obras se volvieron muy famosas y hasta se hicieron películas sobre ellas. J. R. R. ha sido descrito como el padre de la literatura moderna de fantasía, pues sus historias son simplemente maravillosas.

PROFESOR DE MATEMÁTICAS

Bolivia, 31 de diciembre de 1930 - 30 de marzo de 2010

Jaime Escalante

Un maestro contra corriente

De pequeño, Jaime soñaba con ser profesor de escuela. Se imaginaba en un salón de clases, revisando tareas y anotando en el pizarrón. Quería ser como sus papás y ese era el sueño también de dos de sus cuatro hermanos. Influir en otras personas y poder ayudarlos a cambiar sus vidas les generaba mucha ilusión. Por eso, se formó como educador y, durante más de diez años, enseñó Física y Matemáticas en varias escuelas secundarias de Bolivia.

Sin embargo, cuando se mudó a Estados Unidos, no pudo seguir trabajando en lo que tanto amaba. No sabía inglés y sus títulos universitarios no le servían para enseñar allí. Esto no lo detuvo. Se obligó a comenzar a aprender el idioma desde cero.

Tras inagotables noches de estudios y jornadas enteras de trabajo, por fin logró conseguir la autorización para poder enseñar. Como primer trabajo, le asignaron una de las escuelas más difíciles de la ciudad; en ella, los alumnos tenían muchos problemas y su último interés eran los estudios. Además, el curso que impartiría Jaime era uno de los más odiados por la mayoría: ¡Matemáticas! Nadie creía que tendría éxito.

Pero Jaime lo tenía claro: «Si esperas que los chicos sean perdedores, serán perdedores. Si esperas que sean ganadores, serán ganadores», explicó una vez. Por eso, con mucho empeño e ingenio, buscó que sus clases les resultaran entretenidas y que ellos, poco a poco, fueran interesándose y aprendiendo. Luego de un gran esfuerzo, recibieron muy buenas calificaciones en una de las pruebas más difíciles de todo el país. Los chicos en los que nadie creía se habían convertido en los mejores a nivel nacional.

Esa extraordinaria transformación fue conocida en el mundo y generó tanta sorpresa y satisfacción que hasta se hizo una película sobre lo ocurrido. Jaime pasó a la inmortalidad como el profesor hispano que más influyó en Estados Unidos.

LÍDER RELIGIOSO

Judea (actual Israel), aprox. 6 a. C. - 33 d. C.

Jesús de Nazaret

El poder de la palabra

Se cuenta que Jesús nació en Belén, en el seno de una familia de carpinteros. Pero fue Nazaret la ciudad de Israel que lo vio crecer, pues ahí lo criaron sus padres, María y José, cuando era muy pequeño. Su infancia transcurrió de manera tranquila y, cuando tuvo edad suficiente, comenzó a ayudar a su padre en el taller.

Según cuenta la tradición, a los 12 años, se perdió por tres días. María, angustiada, temía que le hubiera pasado algo malo, por lo que José salió corriendo a buscarlo. Para su sorpresa, lo hallaron muy tranquilo en el templo discutiendo con los sacerdotes, quienes estaban sorprendidos por su gran conocimiento de los libros sagrados para su corta edad.

Conforme fue creciendo, se perfilaba como un líder. Además, sentía un gran amor por el prójimo y trataba siempre de conversar con las personas que iba conociendo, pues quería saber sobre sus preocupaciones y necesidades. Así fue ganando seguidores y, pronto, miles se unieron a él durante su recorrido por el actual territorio de Israel. Cada vez que iba a una ciudad nueva, se generaba un gran alboroto, ya que con su trato cercano y su palabra se ganaba el corazón de la gente.

No obstante, todo eso provocó que las autoridades judías se inquietaran. Varias de las enseñanzas de Jesús iban en contra de las normas religiosas de su época, motivo por el que fue acusado de incentivar a la gente a rebelarse. Pese a que él solo proponía vivir en paz, lo encarcelaron y condenaron a morir crucificado.

Tras su fallecimiento, sus seguidores escribieron narraciones sobre él, las cuales llegaron a nuestros tiempos como parte de la Biblia. Varios historiadores han sumado evidencias sobre su existencia, desde Flavio Josefo, en la época de los romanos, hasta Byron McCane, en la era contemporánea. Su transcendencia ha sido tan significativa que se creó una religión inspirada en él, el cristianismo, y cada 25 de diciembre millones de personas se reúnen para conmemorar su nacimiento como símbolo de esperanza.

ATLETAS

Estados Unidos, 5 de junio de 1945 y 6 de junio de 1944

John Carlos y Tommie Smith

El gesto que sacudió todo un país

Aunque no se conocían, Tommie y John compartían una pasión: a los dos les encantaba correr. Desde adolescentes, destacaron entre sus compañeros por su gran velocidad; eran tan buenos que llamaron la atención de los seleccionadores del equipo nacional de atletismo de Estados Unidos. Fue así como sus caminos se cruzaron y llegaron a los Juegos Olímpicos de 1968, la competencia deportiva más importante del mundo, que ese año se celebraba en México. Iban a participar en la carrera de doscientos metros.

En ese momento, en Estados Unidos, los ciudadanos de piel negra —como ellos— pasaban por un momento muy difícil. No solo eran víctimas de malos tratos, sino que les imponían leyes distintas e injustas, y se les prohibía juntarse con personas de piel blanca. Este contexto no les dejaba disfrutar de su éxito deportivo. ¿Qué podían hacer ellos para ayudar a solucionar esa situación?

Tuvieron una idea, pero para ejecutarla era necesario que ganaran la carrera de doscientos metros. Entonces, enfocaron todo su esfuerzo en eso. Ambos corrieron lo más rápido que pudieron. Tommie ganó la carrera y John obtuvo el tercer lugar. El segundo lugar fue para el australiano Peter Norman.

Cuando estaban en el podio, al recibir sus medallas de ganadores, se pusieron un guante negro y alzaron sus puños. Ese era un gesto a favor de los derechos de las personas negras en Estados Unidos. Peter también los apoyó luciendo una insignia en el pecho a favor de los derechos humanos. Millones de televidentes los vieron, lo que ayudó a resaltar la problemática. Esto también animó a otras personas a protestar.

Tommie y John, e incluso Peter, fueron sancionados. Al regresar a su país, continuó el rechazo hacia ambos, hasta los amenazaron de muerte, pero ellos siguieron firmes y con la tranquilidad de que habían hecho lo correcto.

ILUSTRADOR

México, 2 de febrero de 1852 - 20 de enero de 1913

José Guadalupe Posada

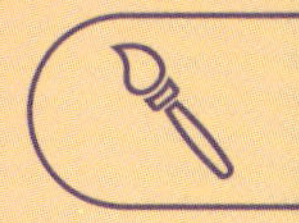

Padre de alegres calaveras

Cuando era niño, a José Guadalupe le encantaba dibujar. Plasmaba en el papel todo lo que veía en Aguascalientes, hoy un pequeño estado de México. Podían ser los fieles yendo a las iglesias, las fiestas de los domingos, las discusiones o muestras de afecto en las calles, etcétera. Sus dibujos le permitían retratar lo que había visto durante el día y así atesorarlo para siempre.

José era tan talentoso que, al crecer, consiguió un trabajo en el que le pagaban para representar los acontecimientos de su pueblo. Registraba hechos noticiosos y aquello que pudiera ser de interés, como celebraciones o capturas de ladrones. Pero también hacía caricaturas para criticar las diferencias sociales y al gobierno mexicano.

A José Guadalupe le llamó la atención cómo se vestía la gente de las clases más adineradas, en particular las mujeres, que usaban sombreros grandes con plumas, vestidos coloridos y holgados e iban llenas de joyas. ¿Acaso se llevarían todo eso al morir? José también notó que lucían tan delgadas que parecían calaveras. Eso le pareció gracioso y dibujó lo que vio: una calavera vestida de forma elegante. Y no una calavera cualquiera. No. Una calavera feliz y contenta, celebrando con sus mejores trajes. Era su forma de criticar a la sociedad de aquella época.

En la actualidad, las calaveras que dibujó José Guadalupe son conocidas como catrinas, y llenan las calles de México los primeros días de noviembre por la celebración del Día de Muertos. Y no solo eso, son uno de los iconos por los que se conoce a este país en el mundo.

ESCRITOR

Filipinas, 19 de junio de 1861 - 30 de diciembre de 1896

José Rizal

El corazón de la independencia filipina

Pepe, como se les dice de cariño a los José, era un niño muy curioso e inteligente. No asistía a la escuela porque era educado en casa por su mamá, con quien aprendió mucho sobre historia y arte. Cuando creció, quiso ser oftalmólogo para curar a su madre, pues ella sufría de una enfermedad que la dejaría ciega. Desde ese entonces, ya se notaba su espíritu solidario.

Por aquella época, Filipinas no era un país independiente, ya que era gobernado por España. Pepe no estaba de acuerdo con esa situación, él quería que sus compatriotas fueran libres, anhelaba devolverles su tierra. Por eso, junto con otros jóvenes que pensaban como él, formaron la Liga Filipina, un grupo para promover la lucha pacífica por la independencia de su país. Sus armas de lucha fueron las letras.

Al mismo tiempo, Pepe escribía novelas a través de las cuales expresaba su opinión sobre las injusticias que vivía su país e insistía en la búsqueda de la independencia. Él aprovechaba cualquier espacio para sembrar las ideas de libertad. A pesar de que rechazaba la violencia, las autoridades de su país consideraron que su actuar iba en contra de la paz y la tranquilidad, de manera que lo enviaron a la cárcel y lo condenaron a muerte.

Aunque Pepe no pudo verlo, su país logró la independencia. Sus ideales se quedaron en el corazón de otros jóvenes que siguieron la lucha. Incluso, en el de toda la nación, que hasta hoy considera su pensamiento como indispensable para la formación de sus ciudadanos. Además, cuenta con una ley que lleva su nombre para asegurar que su legado esté siempre presente.

PILOTO DE AUTOMOVILISMO

Argentina, 24 de junio de 1911 - 17 de julio de 1995

Juan Manuel Fangio

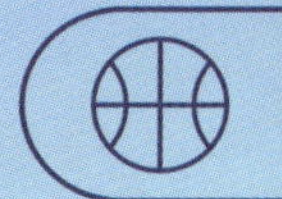

El rey de las pistas

Cuando tenía 9 años, Juan Manuel trabajaba en una herrería para ayudar a la economía de su familia. Ahí asistía a su padre y descubrió su amor por los vehículos. Cuando se subió a un carro por primera vez, quedó fascinado.

Por eso, mientras cursaba la escuela, fue aprendiendo cómo funcionaban los automóviles, qué partes tenían, cómo se desgastaban; así adquirió conocimientos de mecánica automovilística. Era un autodidacta que solía observar cómo los demás hacían las reparaciones.

Su primera carrera, a los 18 años, la hizo como copiloto, debido a que quería aprender de gente con más experiencia. A los 25 años, debutó como piloto de su propio vehículo. Durante sus primeras carreras, sus autos tuvieron desperfectos y esa fue la razón por la que Juan Manuel no quedaba en los primeros puestos.

Eso lo motivó a poner más atención en los vehículos que conducía. Cuando le tocó competir contra pilotos más experimentados, y de otros países, se diferenció de ellos por sus conocimientos en mecánica: ese fue el secreto para su gran éxito en el mundo de las carreras. Su experiencia como mecánico le permitió asegurar que sus automóviles estuvieran siempre en excelente estado y también aprendió a no exigirles más allá de sus capacidades.

Juan Manuel comenzó ganando competencias en su país. Luego, fue nombrado capitán del equipo argentino que viajó a competir a Europa, donde venció a pilotos del mundo entero en torneos más difíciles.

Hoy en día, Juan Manuel es considerado el mejor piloto de autos de carreras de todos los tiempos. Participó en 55 carreras y ganó cinco veces en Fórmula 1, el campeonato internacional más importante de automovilismo. Su amor por los carros fue el gran acelerador de su vida y lo hizo pasar a la posteridad.

ESCRITOR

Francia, 8 de febrero de 1828 - 24 de marzo de 1905

Jules Verne

Con la mirada en el futuro

Una de las cosas que más disfrutaba Jules era que su mamá le contara historias sobre sus abuelos. Ellos eran navegantes y surcaban los mares en enormes barcos. Cuando era pequeño, soñaba con ser como ellos. Por eso, cuando su papá le regaló a él y a su hermano un pequeño barco, quedó encantado. ¡Al fin podría aventurarse en la inmensidad de los océanos! Si bien nunca pudo iniciar esa travesía, emprendería muchas otras por los caminos de la imaginación.

El mar no era su único interés. Pasaba incontables horas en la biblioteca, leyendo sobre ciencia y tecnología, pero también sobre literatura. Desarrolló el gusto por la poesía y hasta se animó a escribir cuentos y obras de teatro. Muy pronto publicó su primera novela: *Cinco semanas en globo.*

Esa fue la primera de una larga serie de libros fantásticos. Jules maravillaba a los lectores con sus narraciones de aventuras, de héroes que vencían sus miedos, viajaban en submarinos, iban al centro del planeta, daban la vuelta al mundo o llegaban a la luna. ¡Todo esto era impensable en su época! Sin embargo, él lo narraba con tanta precisión que los lectores sentían que ellos también emprendían esos increíbles viajes.

Lo que Jules había leído en los libros de ciencia y tecnología lo narraba en sus obras. Quería que más personas pudieran conocer las maravillas de la ciencia y lo que nos ofrece. En sus novelas, imaginó muchas de las cosas que usamos hoy, más de cien años después. Es por tal motivo que se dice que se adelantó a su tiempo, vivió en el futuro y lo compartió con sus lectores. Esto lo convierte en uno de los padres de la ciencia ficción, un género narrativo en el que se cruzan la imaginación y la ciencia para crear escenarios posibles.

DISEÑADOR GRÁFICO

Estados Unidos, 2 de julio de 1937

Lance Wyman

Hacia la comprensión universal

De niño, Lance solía acompañar a su papá en un barco de pesca comercial. Las jornadas eran muy ajetreadas. Las redes llegaban llenas de peces y otras especies marinas, y el barco se movía mucho por las tormentas y las olas. Claro que eso a Lance no le importaba, a él le gustaba recorrer el mar Atlántico.

En su juventud, trabajó en una fábrica para reunir dinero y pagar sus estudios universitarios. Él quería trabajar en una actividad en la que pudiera mezclar su pasión por el arte, el ruido y la inmensidad, eso que sentía cuando estaba en alta mar. De ahí que se decidiera por estudiar Diseño Industrial.

Sin embargo, cambió de rumbo cuando empezó a crear logos, es decir, dibujos sencillos pero con mucho significado que permiten identificar una empresa, organización o evento. Su primer logo fue para una de las empresas de automóviles más importantes de Estados Unidos. Luego, le siguieron ferias de negocios internacionales. Lance jugaba con los colores, las formas y las palabras para crear imágenes que la gente no olvidaba, que se entendían con una sola mirada.

Debido a su talento, ganó el concurso para diseñar el logo de los Juegos Olímpicos que se celebraron en México, en 1968. Realizó un diseño que hasta hoy se recuerda y así se inició el estrecho vínculo entre Lance y el pueblo mexicano, que lo acogió en su territorio durante varios años. Creó el logo de un hotel famoso, el del sistema de metro de la capital y el del Mundial de Futbol que se organizó en ese país.

Lance sigue creando diseños que emocionan a las personas. Sus imágenes son comprensibles por todos, sin importar su país, idioma o el alfabeto que utilicen. Cada una de sus obras transmite un mensaje claro, como el agua del mar, como el cielo que de niño vio desde la proa de un barco.

ARQUITECTO

Suiza, 6 de octubre de 1887 - 27 de agosto de 1965

Le Corbusier

El creador de la arquitectura moderna

Charles-Édouard Jeanneret-Gris nació en la frontera de Suiza con Francia. De niño, vivió en una ciudad industrial. Cuando andaba por sus calles, veía muchos comercios y edificios de estructuras geométricas a los que miraba fijamente; le llamaban la atención y dejaron la semilla de lo que sería su gran inteligencia para el diseño.

Cuando cumplió 15 años, entró a una escuela municipal que enseñaba artes aplicadas a la elaboración de relojes. Después, estudió grabado y pintura en la Escuela de Arte de La Chaux-de-Fonds. Le gustaba contemplar la ciudad desde el suelo, pero también desde las colinas que había alrededor y, gracias a un profesor de arquitectura, se dedicó de lleno a eso. A los 17, diseñó su primera casa: la villa Fallet.

A esta, le siguieron numerosas construcciones en su ciudad. Se mudó a París diez años después, donde trabajó con Auguste Perret, el pionero en el uso del hormigón armado en construcciones, material que se usa hasta hoy. En ese lugar, decidió adoptar el nombre Le Corbusier, que es un juego de palabras entre el apellido de su abuelo y la palabra *cuervo* en francés.

Luego de trabajar en Alemania, regresó nuevamente a París. Allí, se convirtió en uno de los arquitectos más influyentes del siglo XX y uno de los más grandes renovadores de la arquitectura moderna. Una de sus principales características es la sencillez de sus construcciones, pues dejó de usar adornos innecesarios y se concentró en la funcionalidad de los espacios. Además, fue uno de los precursores del brutalismo, que es un estilo de arquitectura en el que las edificaciones muestran los materiales de construcción desnudos.

Le Corbusier escribió varios libros en los que explicaba sus proyectos a otros profesionales y estudiantes. Estaban llenos de fotografías que lo ayudaron a amplificar su visión de la arquitectura por el mundo. Su trabajo es tan importante que su obra arquitectónica fue inscrita como Patrimonio de la Humanidad.

FUTBOLISTA

Argentina, 24 de junio de 1987

Lionel Messi

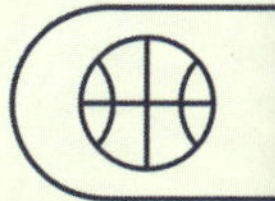

El pequeño más grande del futbol

Leo era muy muy chiquito. Parecía una pulguita de lo pequeñito que era, pero cuando entraba en una cancha de futbol se convertía en un gigante. Comenzó a los 4 años. No había quién lo parara o le pudiera quitar el balón.

Desde su niñez, formó parte de uno de los equipos locales de su ciudad y llamaba la atención de los entrenadores. Su habilidad era tan deslumbrante que, a los 13 años, viajó con su papá a España para unirse al famoso F. C. Barcelona. En ese entonces, Leo seguía siendo mucho más pequeño que sus compañeros. Detectaron que tenía un problema que le dificultaba alcanzar más estatura. Aunque esto fue tratado y resuelto, le quedó como recuerdo el apodo con el que luego el mundo entero lo conocería: «la Pulga».

La vida de Leo giraba en torno a un balón. Jugaba en campeonatos de adolescentes, aunque aún no participaba del torneo principal debido a su edad. Fue hasta los 17 años cuando, por fin, debutó en el campeonato principal de España. Tras varios partidos en los que lució su extraordinario talento, la gente empezó a decir que era la gran promesa del futbol.

Y no se equivocaron. A los 22, Leo ganó su primer Balón de Oro, un premio que solo le es concedido a los mejores futbolistas del mundo. Durante su carrera, ha sido honrado con este prestigioso galardón en siete ocasiones más.

Además de brillar en el Barcelona, Leo ha sido capitán de la selección argentina, con la que tuvo éxitos, pero también derrotas. En el mejor momento de su carrera, logró conducirla a la final del Mundial Brasil 2014, pero fueron vencidos por Alemania. No obstante, Leo nunca se rindió y, algunos años después, en Catar 2022, logró levantar la Copa del Mundo con la camiseta de su país. A punto de cumplir 40 años, sigue deslumbrando en el campo, con la misma alegría e ilusión de su infancia.

MÚSICOS

Reino Unido, John Lennon (1940-1980), Paul McCartney (1942), George Harrison (1943-2001) y Ringo Starr (1940)

Los Beatles

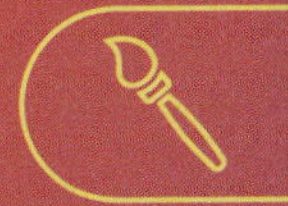

La banda que cambió la música para siempre

Cuando John y Paul tocaron juntos por primera vez, hubo una conexión inmediata. Tenían 16 y 15 años, y ensayaban en una casa en la ciudad de Liverpool, en Inglaterra. Se habían conocido hacía poco, pero estaba clarísimo que compartían la misma pasión por la música. Junto a Ringo Starr, un impresionante baterista, y George Harrison, un guitarrista talentoso, formaron la banda que revolucionaría la música: los Beatles.

Su sonido era una mezcla de ritmos, como el *rock*, *skiffle*, música *beat*, entre otros. El cuarteto inició tocando en bares de su ciudad mientras bombardeaban a las disqueras del Reino Unido con cintas grabadas con su música. Pero no pasaba nada. Así, que decidieron irse a Alemania a probar suerte. Tocaron durante dos años en más de doscientos conciertos.

En 1962, lanzaron su canción *Please Please Me*, y todo cambió. Sonaban en la radio y los invitaban a la televisión. No había vuelta atrás. ¡Se convirtieron en la banda más popular del Reino Unido! Pronto estalló en el mundo la Beatlemanía, nombre con el que la prensa denominó a la locura desatada en los fans.

Con éxitos como *Yesterday* y *She Loves You* su popularidad creció y su música evolucionó hasta explorar nuevos estilos. No solo sus canciones cautivaron a las masas; también era la personalidad de los músicos, su vestimenta y las ideas de libertad que defendían. Los Beatles se transformaron en un fenómeno cultural.

A pesar de ser la banda más exitosa de la historia, el grupo se separó en 1970. Con su genio e impacto en la cultura, no solo cambiaron la música, sino que dejaron un mensaje de amor, creatividad y libertad que todavía resuena en las nuevas generaciones.

INVENTORES

Estados Unidos, Wilbur (1867-1912) y Orville (1871-1948)

Los hermanos Wright

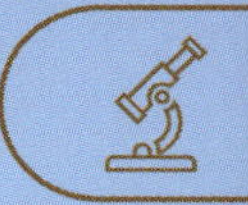

El gran sueño de volar

Desde niños, Wilbur y Orville se mostraron curiosos y observadores. Solían hacerse preguntas y podían detenerse a contemplar el funcionamiento de cualquier objeto cotidiano. Les maravillaba todo aquello que pudiera hacer más fácil la vida de las personas.

Les encantaban las bicicletas porque permitían trasladarse por la ciudad y el campo de forma rápida y ligera. Aprendieron sobre su funcionamiento de manera autodidacta y, cuando crecieron, pusieron juntos un negocio de reparación, alquiler y venta de bicicletas. Gracias a su ingenio, no tardaron en crear un modelo propio.

Era tanta su curiosidad, y ganas de construir cosas nuevas, que se motivaron con algo que cada vez les llamaba más la atención: la posibilidad de recorrer los cielos. Hasta ese entonces, volar era muy difícil —casi imposible—, porque los aviones apenas podían llevar a una persona y era complicado maniobrarlos.

Juntos pusieron manos a la obra y construyeron prototipos y los probaron. Estudiaban lo que otras personas ya habían intentado y a esas experiencias les hacían pequeñas modificaciones para lograr alcanzar el éxito. Lo intentaron muchísimas veces.

Ellos mismos se subían a los aviones y los probaban en el aire. Era muy peligroso, pero su fascinación por crear un avión que funcionara y cambiara la forma en que las personas lo utilizaban era estímulo suficiente para seguir experimentando.

Tras varios años de mucha perseverancia, Wilbur y Orville por fin lograron un vuelo exitoso con su nuevo avión: la nave tenía un motor, permaneció un tiempo prolongado en el aire y pudo ser maniobrada con facilidad. Sin ellos, hoy no podríamos viajar en avión con tanta naturalidad como si viajáramos en bicicleta.

QUÍMICO

Francia, 27 de diciembre de 1822 - 28 de septiembre de 1895

Louis Pasteur

Comprometido con el bienestar de las personas

Al pequeño Louis le gustaba la pintura; tanto, que quería ser profesor de arte cuando fuera grande. Por otro lado, las clases de ciencias naturales no le agradaban demasiado. Al final, cuando llegó a la universidad, se animó a estudiar Matemáticas, aunque con el tiempo le fue atrayendo la carrera de Química. A los 26 años, estaba fascinado con todo lo que podía observar a través de un microscopio.

Louis sintió curiosidad de saber por qué los alimentos se arruinaban y podían enfermar a las personas. Entonces, descubrió que existían unos seres muy pero muy chiquititos, invisibles para las personas que no usaban un microscopio. Estos microorganismos, más conocidos como microbios, causaban la descomposición de los alimentos.

Después de varias pruebas y errores, Louis descubrió la forma de contrarrestar ese proceso. Para ello, sometía los alimentos al calor y así eliminaba una gran cantidad de microorganismos dañinos para las personas, de manera que evitaba enfermedades y los alimentos podían durar más. Su solución fue tan buena que la gente bautizó el proceso con su apellido: pasteurización.

Louis también investigó cómo se podía evitar que las personas cayeran enfermas gravemente ante algunos padecimientos, como la rabia. Se dio cuenta de que, si se les exponía a pequeñas cantidades de los virus que causaban estos males, los pacientes lograban generar defensas y ya no desarrollaban las enfermedades con tanta fuerza. Esto es lo que hoy se conoce como vacunas.

Sin duda, las investigaciones de Louis fueron un gran aporte a la medicina y la humanidad. Gracias a sus descubrimientos, ahora nos enfermamos menos y tenemos más formas de cuidar nuestra salud.

ARTISTA PLÁSTICO

Estados Unidos, 27 de agosto de 1890 - 18 de noviembre de 1976

Man Ray

Una fuerza radical del arte

Emmanuel Radnitzky, a quien todos en casa llamaban Manny, cada tarde ayudaba a su papá en su sastrería. Ahí veía cómo su mamá juntaba y cosía retazos de tela para formar colchas de variados colores. Ambas labores influirían mucho en su arte posterior.

Durante su adolescencia, Manny solía visitar museos para conocer más sobre la vida y obra de artistas de renombre. Los estudiaba y analizaba con especial atención. Como tenía talento para el dibujo y la pintura, decidió dedicarse al arte. Trabajaba en una agencia de publicidad y, por las noches, asistía a sus clases en la Academia Nacional de Dibujo de Estados Unidos.

A los 25 años, tuvo su primera exposición de arte. Desde ese entonces, se notó su deseo de experimentar lejos de lo tradicional, sin ningún tipo de limitación. Con el fin de conocer a más artistas, y alimentar su creatividad, luego de unos años se mudó a París, donde se llamó a sí mismo Man Ray.

En esa ciudad, siguió rompiendo reglas. Se acercó a distintos movimientos artísticos, pero Manny era un rebelde que se movía con libertad en diferentes estilos y disciplinas. Podía fotografiar el rostro y cuerpo de las personas para después añadirles otros elementos, como lágrimas de vidrio, o hacerles trazos sin lógica. Entre sus fotos más aclamadas, figura una del cuerpo de una mujer de espaldas, a la cual le realizó unos trazos para dar la idea de que se trata de un violín. Sus obras representan algo más de lo que se puede ver a simple vista.

Creó fotos, películas, pinturas, esculturas, siempre buscando romper las reglas establecidas y desafiando lo convencional. Si bien al principio no fue comprendido, gozó de éxito. Por su estilo innovador y su exploración constante de nuevas formas de expresarse, su legado en el arte siempre será recordado.

DISEÑADOR DE ZAPATOS
España, 27 de noviembre de 1942

Manolo Blahnik

El arte en los pies del mundo

Manolo, como lo llamaba su familia, pasó sus primeros años en medio de campos de plátanos. Cada día se maravillaba viendo las grandes plantaciones, los diferentes colores del día y a las personas trabajando. Mientras tanto, él jugaba a hacer zapatos para las lagartijas que cazaba a su alrededor.

Al crecer, estudió Derecho Internacional en Ginebra, Suiza, y luego Arquitectura y Literatura en esa misma ciudad. No obstante, esas carreras no parecían satisfacer sus expectativas, no eran lo que él quería. Por esa razón, hizo maletas y se mudó a París para estudiar Arte, pero tampoco se sintió a gusto. Intentó probar algo más: comenzó a trabajar como fotógrafo en Londres para el periódico *Sunday Times*: esa fue su puerta hacia el mundo de la moda.

Poco a poco, se dio cuenta de que diseñar zapatos era lo que más satisfacciones le daba. En Londres, inauguró Zapata, su primera tienda. ¡Estaba feliz! Disfrutaba estar en los talleres de confección creando nuevos diseños.

Para Manolo, los zapatos pueden ser obras de arte en sí mismos, no son un objeto más que las personas usan al vestir. Su mayor anhelo es que sus diseños sean admirados al igual que un cuadro o una escultura. Esa es la razón del esmero que pone al elegir los colores, texturas, tejidos y formas de cada una de sus piezas.

Hasta el día de hoy, Manolo es considerado uno de los diseñadores de zapatos más talentosos e innovadores. Ha vendido más de 25 mil diseños, lo que confirma su posición como un referente del calzado. Compradores de todos lados hacen filas muy largas para poder conseguir «un Manolo», como llaman a estos exclusivos modelos que son un signo de elegancia y distinción.

ESCRITOR
Perú, 28 de marzo de 1936

Mario Vargas Llosa

Un soñador de la realidad

Ese primer día de clases en la escuela de Cochabamba, Bolivia, Mario no sabía que lo más importante en su vida estaba a punto de suceder: aprendió a leer. Su maestro del Colegio La Salle, el hermano Justiniano, también le enseñó a escribir y, sin saberlo, le estaba dando las herramientas que marcarían el curso de su vida.

No mucho después, en su casa, Mario descubrió la biblioteca de su abuelo Pedro, donde podía pasarse horas enteras. Si bien su infancia estuvo marcada por la difícil relación que tuvo con su padre, en los libros encontró un universo que lo alejaba de aquello y le abría las puertas del mundo. Podía ser pirata por la mañana y después viajar a la luna por la tarde. Amaba las historias y pronto crearía las suyas.

Cuando tenía 16, había escrito una obra de teatro para la escuela, algunos cuentos y también cartas de amor para que sus amigos conquistaran a sus novias. Su papá lo envió a un colegio militar, porque no quería que se dedicara a la literatura. Lo irónico fue que ahí Mario encontró la inspiración para su primera y exitosa novela: *La ciudad y los perros*. Él no dejaría que le impusieran un camino.

En 1958, se mudó a Madrid y luego a París para seguir su pasión por la escritura. Ha escrito numerosas novelas de gran éxito, además de ensayos, artículos, entrevistas, obras de teatro y reportajes. Sus libros han sido traducidos al árabe, ruso, coreano y polaco. Muchos se han convertido en películas y en obras de teatro.

Ha recibido innumerables premios y distinciones a lo largo de su carrera. En 2010, la Academia Sueca le otorgó el Premio Nobel de Literatura debido a su esfuerzo, dedicación y amor por las letras. Como buen rebelde, Mario ha seguido escribiendo hasta pasados los 80 años y los reconocimientos no han dejado de llegar.

PROGRAMADOR Y EMPRESARIO
Estados Unidos, 14 de mayo de 1984

Mark Zuckerberg

La revolución de las redes sociales

Desde pequeño, a Mark le atrajeron las computadoras. Cuando apenas tenía 12 años, creó un programa que le permitió conectar las computadoras de su casa con las del consultorio dental de su papá. Así empezó todo.

Tiempo después, mientras estudiaba en la Universidad de Harvard, ideó un programa llamado FaceMash, que le trajo algunos problemas con las autoridades de la universidad porque usó información de los alumnos sin permiso. No fue una buena idea, pero supo conservar la base que le permitiría crear algo mejor. Lo que a él le interesaba era conectar. Comenzó con las computadoras, pero después quiso hacerlo con las personas a través de ellas, así que no se detuvo.

Con solo 20 años, junto con otros compañeros de clase, creó Facebook, un programa que funcionaba con información proporcionada voluntariamente por los usuarios: sus correos electrónicos y sus fotografías. ¡Había aprendido del error anterior! Luego, le añadió más funciones para que las personas también pudieran publicar fotos, pensamientos, canciones y mucho más. Logró que las distancias no fueran obstáculo para nadie. Con solo ingresar a la cuenta de Facebook, se podía conocer sobre las actividades cotidianas de los familiares y amigos. Era una nueva forma de tenerlos cerca a través de una pantalla. Su creación, además, permitió reencuentros entre personas que habían perdido contacto tiempo atrás.

Facebook causó furor el primer día de lanzamiento: alcanzó mil doscientos usuarios. Menos de un año después, ya contaba con un millón. Hoy suma cerca de tres mil millones de usuarios. ¡Casi la mitad de la población mundial!

Mark continúa con su labor de crear soluciones innovadoras para el futuro. Hoy, su empresa se llama Meta y es dueña de Facebook, Instagram y WhatsApp, que, en conjunto, tienen más de seis mil millones de usuarios y son tres de las redes sociales más utilizadas en el mundo.

ACTIVISTA
Estados Unidos, 15 de enero de 1929 - 4 de abril de 1968

Martin Luther King Jr.

El sueño de un mundo más justo

Cuando era niño, Martin tenía un amigo con quien solía pasar horas entre risas y juegos, ya sea con la pelota, trepando en algún árbol o corriendo de un lado para el otro. Pero esto de pronto cambió. Un día su amigo le dijo que no podía jugar más con él, debido a su color de piel. Martin se entristeció mucho, pero ese día empezó a cuestionarse el porqué de esa injusticia.

La reacción de su compañero de juegos se debía a que, en esa época, en Estados Unidos, había leyes que separaban a las personas por el color de su piel. Las de piel negra no podían ir a las mismas escuelas, restaurantes o universidades a las que iban las de piel blanca. Tampoco podían sentarse juntas en el autobús.

A los 15 años, Martin ingresó a la universidad para estudiar Sociología. Luego, decidió seguir los pasos de su papá y, a los 25, se convirtió en pastor de una iglesia en Alabama. Ahí usó su gran habilidad para hablar en público y se manifestó contra la discriminación que estaban sufriendo. Cada vez lograba inspirar a más personas.

Como tenía un gran poder de convocatoria, en una ocasión animó a la gente a no utilizar el autobús durante casi un año, como medida de protesta ante el arresto de Rosa Parks, una mujer de piel negra que se había negado a cederle el asiento a una persona de piel blanca. Gracias a eso, se prohibió la discriminación en los autobuses, restaurantes, escuelas y otros lugares públicos.

Martin fue arrestado incontables veces y sufrió amenazas, pero nunca se rindió. Su convocatoria cada vez fue mayor. Pronunció su histórico discurso *I have a dream* ante 250 000 personas. Jamás ejerció la violencia para lograr sus objetivos. Por eso, en 1964, a los 35 años, recibió el Premio Nobel de la Paz. Actualmente, su recuerdo sigue vivo y es reconocido como el gran líder que fue.

BASQUETBOLISTA
Estados Unidos, 17 de febrero de 1963

Michael Jordan

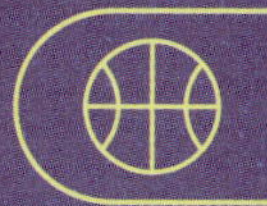

El basquetbolista que podía volar

Michael había cumplido apenas 7 años cuando su familia se mudó de Brooklyn a Wilmington, Carolina del Norte, en los Estados Unidos. Para evitar que él y sus cuatro hermanos se aburrieran, su papá instaló un aro de basquetbol en el patio de su casa, sin sospechar lo que el futuro aguardaba para su hijo.

Contrario a lo que se pudiera imaginar, Michael tenía un mayor interés por el beisbol. Competía en torneos con su equipo y, gracias a su desempeño extraordinario, fue considerado como el jugador más valioso de toda una liga. Por si fuera poco, practicó también futbol americano.

Cierto día, Michael hizo las pruebas para formar parte del equipo de básquet de su escuela. Cuando fue a ver la lista de seleccionados, se llevó una tremenda sorpresa. ¡No estaba entre los convocados! Pero fiel a la determinación que siempre lo caracterizó, no se dio por vencido. Entrenó muchísimo ayudado por sus papás y sus hermanos. Al año siguiente, volvió a presentarse y esta vez lo aceptaron.

Ese fue el comienzo de una leyenda en el mundo del básquet. Conocido como «Air Jordan», por su habilidad para realizar increíbles saltos, Michael se convirtió en uno de los mejores jugadores de todos los tiempos. A lo largo de su carrera, ha ganado seis campeonatos en la NBA (la liga nacional de este deporte en Estados Unidos), obtuvo dos medallas de oro olímpicas, cinco premios como jugador más destacado de la temporada, diez títulos de máximo anotador de la liga y más.

La relevancia de Michael Jordan va más allá del deporte, ya que es un símbolo de excelencia, perseverancia y disciplina tanto para fanáticos como jugadores. A pesar del tiempo, su imagen sigue vigente y es, en definitiva, un ejemplo en el ámbito deportivo.

ESCULTOR

Italia, 6 de marzo de 1475 - 18 de febrero de 1564

Miguel Ángel Buonarroti

El reinventor de la escultura

Su mamá enfermó de gravedad cuando Miguel Ángel tenía apenas unos cuantos años de vida. Mientras su papá, trabajaba, a él y a sus hermanos los criaba la esposa de un picador de piedra que vivía cerca de su casa. Probablemente allí nació su amor y fascinación por los grandes bloques de mármol.

Miguel Ángel se pasó horas mirando cómo las piedras se convertían en algo más. Dado que siempre le apasionó el arte, tenía claro a qué se quería dedicar. Sin embargo, su padre esperaba que administrara los negocios familiares. Tras muchas discusiones, este cedió y, a los 13 años, lo envió a estudiar al taller de Domenico Ghirlandaio, quien era experto en frescos, es decir, pinturas en paredes y techos que adornaban conventos, palacios, iglesias y capillas.

Miguel Ángel visitó numerosas iglesias para aprender de las obras de los grandes maestros. Las contemplaba, analizaba y dibujaba. Lorenzo de Médici, uno de los hombres más ricos de su época, y amante del arte, descubrió su talento cuando el joven artista recibía clases de escultura en piedra en su jardín. Lorenzo se convirtió en su protector y lo llevó a vivir a su palacio, donde interactuó con poetas, músicos y filósofos.

Miguel Ángel trabajó para papas, cardenales y gobernantes. La perfección de sus obras generó admiración por su realismo y atención al detalle. El encargo más importante que recibió fue un fresco, la *Capilla Sixtina*, que le tomó cuatro años pintarla, pues tiene más de trescientas figuras. Pese a su éxito como pintor, lo que realmente le llenaba el alma era la escultura. No en vano, tardó también cuatro años en esculpir el *David*. Hoy en día, sus obras siguen maravillando a quienes las visitan y causan el mismo asombro que hace más de 460 años les imprimió su creador.

ESCRITOR

España, 29 de septiembre de 1547 - 22 de abril de 1616

Miguel de Cervantes

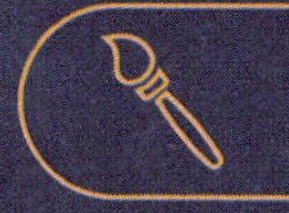

El ingenioso hidalgo de las letras

Estudió gramática desde temprana edad. Debido a las constantes mudanzas de su familia, cambió de escuela varias veces. Vivir en tantos lugares hizo que el pequeño Miguel escuchara todo tipo de historias, leyendas y relatos; las que más le gustaban eran las de aventuras, las de caballeros y las de antiguas batallas. Una vez en Madrid, su maestro, Juan López de Hoyos, editó sus primeros versos.

Miguel amaba escribir, aunque también disfrutaba viajar e ir al teatro. En 1569, recorrió las ciudades italianas de Roma, Palermo, Milán, Florencia, Venecia, Parma y Ferrara, en las que pudo admirar grandes obras de arte. Pero en la vida de Miguel no todo fue arte, también tuvo una interesante vida militar. Además de luchar en diferentes expediciones navales, participó en la batalla de Lepanto, en Grecia. Allí, sufrió un accidente y perdió la movilidad del brazo izquierdo; por ese motivo, se le conoce como «el Manco de Lepanto». De regreso a España, fue capturado y enviado a una cárcel en Argel durante cinco años.

Todas estas peripecias fueron inspiración para su escritura. Su gran obra fue *Don Quijote de la Mancha*, con la que buscó reírse un poco de las novelas que estaban de moda en aquel entonces. Si bien estas tenían como protagonistas a valientes y ejemplares caballeros medievales; por el contrario, Miguel puso como personaje principal a un hombre anciano, débil y un tanto loco.

Con su novela, Cervantes revolucionó la literatura, pues incorporó diálogos, como en el teatro; mostró la sociedad de ese tiempo de forma real, y presentó a sus personajes como seres humanos reales, con virtudes y debilidades. Marcó un antes y un después en la literatura universal, por lo que es considerada la primera novela moderna. Por su propuesta ingeniosa y creativa, Cervantes es un hito de las letras.

BOXEADOR

Estados Unidos, 17 de enero de 1942 - 3 de junio de 2016

Mohamed Alí

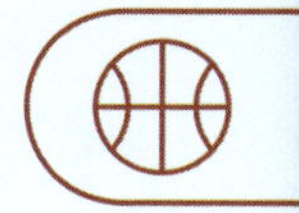

El boxeo hecho arte

Su verdadero nombre era Cassius Clay. Durante su infancia, le encantaban los helados, en especial los de chocolate y vainilla. Solía compartir este gusto con su hermano Rudy, que además era su mejor amigo.

A los 12 años, sufrió el robo de su bicicleta. ¡Estaba tan furioso! Quería golpear a alguien. Ese día, un amigo policía le dio un consejo inolvidable: «No descargues tu ira en una persona. Mejor aprende a golpear y dale a un saco de boxeo».

Así fue como empezó a entrenar. Se levantaba muy temprano, salía a correr, dejó los helados que tanto amaba y se inscribió en un gimnasio. De tanto practicar, se volvió el mejor. Su amigo policía, Joe Martin, era su entrenador personal.

Su estilo de boxeo era diferente, con movimientos ágiles y reflejos incomparables que llamaron la atención. Él no solo era hábil con los brazos, sino que tenía un movimiento de piernas que lo hacía parecer un ligero bailarín en el cuadrilátero. «Flotaré como una mariposa y picaré como una abeja», dijo alguna vez. A los 18 años, ganó una medalla de oro en los Juegos Olímpicos de Roma 1960. Luego, obtuvo el título de campeón indiscutido de los pesos pesados en 1964. En su carrera, participó en 61 peleas, de las cuales ganó 56. Era un campeón sin igual.

Pese a su fama, en su ciudad lo seguían discriminando, como a otras personas de piel negra. Su país estaba en guerra y lo llamaron para que fuera al frente de batalla, pero él se negó. No iba a luchar por una nación que lo trataba de esa manera. Le quitaron su título de campeón mundial y lo metieron a la cárcel. No le importó.

Se convirtió a la religión islámica y se cambió de nombre a Mohamed Alí. Con frases tan directas y certeras como sus golpes, se pronunció incansablemente contra el racismo. Fue una leyenda del deporte y una figura de enorme influencia en las luchas sociales.

LÍDER ESPIRITUAL

Egipto, aprox. entre los siglos XIV a. C. y XIII a. C.

Moisés

Un líder salvado de las aguas

Se dice que cuando Moisés tenía tres meses de nacido, su mamá lo puso en una canasta y lo llevó al río Nilo. Esperaba que la hija del faraón lo encontrara cuando fuera a bañarse. Le dolía dejar a su hijo, pero era una forma de salvarlo, pues se sabe que eran tiempos difíciles para los niños hebreos y corrían riesgo de muerte.

La princesa lo recogió y fue criado como hijo suyo, como parte de la realeza. Sin embargo, perdió estos privilegios cuando enfrentó a un capataz que estaba maltratando a unos esclavos hebreos. El faraón se molestó muchísimo y Moisés se vio obligado huir de Egipto por defender lo que creía justo. Así llegó a Madián, una aldea donde vivió cuarenta años, hasta que un día su dios le habló. Le contó sobre su origen y le dijo que debía regresar a Egipto para liberar a los hebreos de la esclavitud. Él tuvo el valor de dejarlo todo para cumplir esta misión.

Fracasó en su intento de convencer a su padre adoptivo para que les concediera la libertad a los hebreos. Entonces, su dios lo ayudó enviando una plaga de langostas y otros eventos inexplicables para asustar y persuadir al faraón. Los hebreos fueron liberados y Moisés los guio por el desierto rumbo a la tierra prometida. Según narra la tradición oral, en el camino Moisés abrió las aguas del mar Rojo con ayuda de su dios. Esto permitió que su pueblo pudiera cruzar y mantenerse a salvo de los egipcios que los seguían. Tras continuar con su peregrinación, llegaron al monte Sinaí, donde Moisés recibió de su dios los diez mandamientos para llevar una vida sin pecado.

Esas normas fundaron las bases de tres religiones que, si bien tienen diferencias, coinciden en su respeto por Moisés. Los cristianos lo consideran un profeta que transmitió la palabra de Dios. Los judíos lo reconocen como el autor de la Torá, su libro sagrado, y para los islámicos es la única persona que pudo escuchar directamente a Dios. Él, como figura, representa hoy la importancia de una guía moral y ética para la vida en el mundo occidental.

ASTRONAUTA

Estados Unidos, 5 de agosto de 1930 - 25 de agosto de 2012

Neil Armstrong

El primero en pisar la luna

Al pequeño Neil le fascinaba la idea de volar así que empezó muy temprano, aunque nunca imaginó qué tan lejos llegaría. A los 2 años, su papá lo llevó a las Carreras Aéreas de Cleveland y quedó encantado. A los 5, voló por primera vez en un avión y su amor por ellos quedó sellado. Cuando estaba en secundaria tomó lecciones de pilotaje, y obtuvo un certificado de vuelo a los 16 años.

No fue una sorpresa para su familia cuando decidió estudiar Ingeniería Aeronáutica ni cuando ingresó en la Marina estadounidense para ser aviador naval. Piloteaba cualquier tipo de avión, desde los de prueba, los Boeing, hasta los veloces de caza. Neil no podía dejar de estar en el aire y no dudó en asumir una aventura más osada. Se apuntó al programa Man in Space Soonest, de la Fuerza Aérea de Estados Unidos, para llevar por primera vez a un ser humano al espacio. Sus deseos de volar lo conducirían cada vez más lejos.

Luego, se unió al cuerpo de astronautas de la NASA. En 1966, fue su primer vuelo espacial como comandante de la nave *Gemini*. La segunda y última vez que Neil viajó al espacio lo hizo como comandante de la misión Apolo 11, junto con sus compañeros Buzz Aldrin y Michael Collins. El 16 de julio de 1969 aterrizaron en la Luna. «Este es un pequeño paso para un hombre, un gran salto para la humanidad», dijo él mientras se preparaba para caminar sobre nuestro satélite. Su felicidad era única, ¡se había convertido en el primer hombre en poner los pies sobre la Luna! Miles de personas en el mundo siguieron la transmisión en vivo de aquel icónico momento tras muchos años de estudios y expediciones.

Allá arriba, Neil recolectó muestras de piedras, hizo fotos históricas y una serie de experimentos. Junto a sus colegas, permanecieron poco más de 21 horas en nuestro satélite hasta que emprendieron el regreso. Con esta hazaña, se convirtió en uno de los hombres más famosos del planeta.

ACTIVISTA
Sudáfrica, 18 de julio de 1918 - 5 de diciembre de 2013

Nelson Mandela

El líder que inspiró al mundo

Su verdadero nombre era Rolihlahla, que, en xhosa, uno de los idiomas de Sudáfrica, significa «agitador». Nelson fue el nombre inglés que le puso su profesora en la escuela. Cuando creció, la comunidad negra de su país lo llamaba «Madiba», el nombre de su clan familiar. Así expresaban el respeto y el cariño que él se había ganado en su larga lucha contra el racismo.

Aunque en Sudáfrica la mayoría de la población era negra, el poder estaba en manos de los blancos, de origen europeo. Ellos imponían muchas restricciones a quienes no tenían su color de piel. Esto se agravó en 1948, cuando el gobierno estableció un sistema llamado *apartheid*, que obligaba a las personas a mantenerse separadas según su color de piel.

Nelson se involucró en protestas contra la discriminación cuando estudiaba para ser abogado. A los 26 años, se unió al Congreso Nacional Africano (ANC), un grupo que defendía sus derechos. Luego, fundó un estudio de abogados especializado en casos vinculados al racismo.

Viajó por todo el país para impulsar una campaña que desafiaba el *apartheid*. Durante años, se manifestó siempre en contra de la discriminación y lideró numerosas iniciativas en defensa de la igualdad. Por eso, fue atrapado, juzgado y condenado a cadena perpetua. «He anhelado el ideal de una sociedad libre y democrática en la que todas las personas vivan juntas en armonía», dijo durante el juicio.

Pasó 27 años en la cárcel, pero no guardó rencor. Cuando fue liberado, participó en las negociaciones para eliminar el *apartheid*. Por esto, en 1993, recibió el Premio Nobel de la Paz. Poco después, los sudafricanos lo eligieron presidente. Fue la primera persona negra que ocupó este cargo en su país. Su gobierno promovió la unión y la reconciliación entre sus habitantes.

ORADOR MOTIVACIONAL

Australia, 4 de diciembre de 1982

Nick Vujicic

Una mentalidad sin límites

Desde muy pequeño, Nick enfrentó las miradas y los comentarios ofensivos de otros niños. Lo trataban mal por ser diferente y eso le causaba muchísima tristeza. Había nacido sin brazos ni piernas debido a una extraña enfermedad. Él, que era hijo de un pastor cristiano, rezaba cada día para que le crecieran las extremidades.

El milagro no ocurrió, pero a Nick lo sostuvo el amor de su familia. Con ayuda de unos dispositivos especiales, aprendió a escribir, a bañarse y a usar la computadora. Logró seguir una carrera y se graduó como contador y analista financiero.

Nick se dijo que si no recibió un milagro era porque él mismo estaba llamado a ser un milagro para otros. Entonces, empezó a dar charlas motivacionales. A través de su historia, él, que conoce bien la frustración, alienta a los demás a no darse por vencidos.

En 2005, fundó una organización llamada Vida Sin Extremidades. Armado de una gran sonrisa y una actitud relajada, se presenta en escuelas para combatir el *bullying*. Las empresas y organizaciones lo invitan para que sirva de inspiración a sus empleados. Nick ha viajado a cerca de ochenta países y ha hablado frente a multitudes de hasta ochocientas mil personas.

Para Nick no hay imposibles. Actualmente, está casado, tiene cuatro hijos y ha escrito seis libros. En sus ratos libres, se dedica a la pintura, la pesca y la natación. Además, actuó en el cortometraje *El circo de las mariposas*, en el que se reflexiona sobre las posibilidades que le da la vida a cada persona. Por su actuación, ganó el Premio al Mejor Actor en el Festival de Cine Fest Método Independiente en 2010. Un reconocimiento, además, a una determinación y un empuje sin límites.

INVENTOR

Croacia, 10 de julio de 1856 - 7 de enero de 1943

Nikola Tesla

Con la mirada en el futuro

A los 3 años, Nikola sentía predilección por su gato Macak. Una tarde acarició el hermoso pelaje negro de su mascota y notó que salían chispas brillantes y ruidosas. Asustado, fue a preguntarle a su padre, quien solía tener una respuesta para todo, y él le dijo que era electricidad. Ese descubrimiento lo dejó pensando y fue la base para lo que haría por la humanidad.

Nikola heredó su vocación de Duka, su madre, una ama de casa que sabía mucho de ciencia y que provenía de una familia de inventores. Al crecer, asistió a dos universidades para ser ingeniero. Aunque no terminó sus estudios, conoció los avances en el electromagnetismo que lo conducirían a asombrar al mundo.

A los 26 años, se mudó a París para trabajar en la Continental Edison Company, una empresa fundada por el inventor estadounidense Thomas Alva Edison. Allí fabricó, en su tiempo libre, su primer motor de inducción, una máquina que se basaba en los campos magnéticos.

Dos años más tarde, se subió a un barco y viajó a Nueva York. Llevaba sus apuntes para crear una máquina voladora, una suerte de platillo volante impulsado por electromagnetismo. Si bien no llevó esta idea a la práctica, sí trabajó en un sistema que transmitía energía sin cables e inventó una bobina que hoy se usa en radios y televisores.

En 1898, dejó boquiabierta a una multitud cuando les enseñó que podía manejar un pequeño bote a control remoto, algo nunca antes visto.

Un año después, logró otra sorprendente demostración: encendió doscientas lámparas desde una distancia de cuarenta kilómetros con su sistema de transmisión de energía inalámbrica. Gracias a su trabajo, pionero en el electromagnetismo y la trasmisión de energía, Tesla cambió para siempre la forma en que el mundo usa la electricidad.

ESCRITOR

México, 31 de marzo de 1914 - 19 de abril de 1998

Octavio Paz

La libertad de la palabra

Octavio pasó su infancia rodeado de naturaleza y libros. Creció en la casa de campo de su abuelo Ireneo, un viejo periodista que contaba con una gran biblioteca. Eran los años agitados de la Revolución mexicana y su padre se había marchado a pelear por uno de los bandos en conflicto. El pequeño, que lo extrañaba mucho, encontró refugio en los libros de su abuelo. Así inició su interés por la literatura.

Octavio publicó sus primeros poemas, a los 17 años, en la revista *Barandal*, que él mismo había fundado junto con otros estudiantes. Poco después, apareció su primer poemario, *Luna silvestre*, la primera de varias publicaciones.

Su innegable talento atrajo tanto la atención que, con solo 23 años, fue invitado a España para participar en un congreso internacional de escritores. En esa reunión, Octavio, que al principio parecía reservado, tuvo la oportunidad de codearse con renombrados autores como Ernest Hemingway, Rafael Alberti y Pablo Neruda.

Luego de estudiar en Estados Unidos, se incorporó al servicio diplomático de su país. De esa manera, pudo viajar a Francia, Japón e India. Por esos años, escribió diversos artículos, críticas literarias, ensayos y más poesía. Su obra expresaba su compromiso con la libertad y su valentía para decir lo que pensaba.

Su carrera como diplomático terminó en 1968, cuando renunció en protesta contra los abusos de su gobierno. A partir de entonces, se concentró en seguir escribiendo, así como en crear nuevas revistas literarias. Octavio Paz ganó tanto prestigio como poeta y como intelectual que, en 1990, recibió el Premio Nobel de Literatura, un justo reconocimiento a la obra de un creador comprometido con su arte y con sus ideales.

ARQUITECTO

Brasil, 15 de diciembre de 1907 - 5 de diciembre de 2012

Oscar Niemeyer

El arquitecto que diseñó una capital

Cuando estudiaba la secundaria, Oscar no tenía claro su futuro, pero en el taller de tipografía de su padre, donde fue a trabajar después de terminar el colegio, encontró algunas ideas. Se dio cuenta de que lo suyo eran las líneas, las formas, las curvas. Así que se inscribió en la Escuela de Bellas Artes.

Esa escuela estaba dirigida por el arquitecto Lucio Costa, quien se volvió su mentor. Tras culminar sus estudios de arquitectura, consiguió un puesto en la empresa de su maestro. Con él, trabajó en el diseño del Ministerio de Educación y Salud, en Brasil, que hoy es considerado una obra maestra de la arquitectura moderna.

El primer proyecto que Oscar desarrolló por su cuenta fue impresionante: un complejo dentro de un suburbio en Belo Horizonte que le encargó el alcalde. Oscar diseñó una iglesia, un casino, una sala de baile, un restaurante, un club náutico y la casa de fin de semana del alcalde. Todo alrededor de un lago artificial.

Como ya gozaba de cierto prestigio, en 1947, fue invitado a colaborar en el diseño de la sede de las Naciones Unidas, en Nueva York. Pero su proyecto más ambicioso llegaría nueve años después. Su presidente les pidió a Oscar y a Lucio Costa que diseñaran la nueva capital del país: Brasilia. Su audaz propuesta incluía edificios comerciales, administrativos y residenciales, integrados armoniosamente.

Su sello eran las formas sinuosas y elegantes que contrastaban con las construcciones rectangulares y simétricas a las que la mayoría estaba habituada. Oscar, que vivió más de cien años, fue uno de los arquitectos más influyentes de América Latina. Para honrar su legado, a los 82 años, le entregaron el prestigioso Premio Príncipe de Asturias.

ARTISTA PLÁSTICO

España, 25 de octubre de 1881 - 8 de abril de 1973

Pablo Picasso

La revolución de la forma

Le pusieron un nombre imposible de memorizar: Pablo Diego José Francisco de Paula Juan Nepomuceno María de los Remedios Cipriano de la Santísima Trinidad Ruiz y Picasso. Sin embargo, con su talento y creatividad, consiguió que todos recordaran el nombre con el que decidió firmar sus obras: Picasso.

Según él mismo, su primera palabra fue *piz*, de *lápiz*. Y es que creció rodeado de arte. Su padre trabajaba como profesor de dibujo y pintura, y fue su primer maestro. Cuando lo contrataron en la Escuela de Bellas Artes de Barcelona, Pablo comenzó a estudiar ahí.

Pronto sobresalió. A los 16, obtuvo una mención honrosa en una exposición en Madrid con su pintura *Ciencia y caridad*. Luego, ingresó a la Real Academia de San Fernando, en Madrid, pero la abandonó: le aburría su enfoque tradicional.

A él le gustaba explorar nuevas formas de pintar. En una época triste, pintó cuadros con tonos azules y verdes. Posteriormente, pasó a los colores rosa. Pero el gran giro llegó con *Les demoiselles d'Avignon*, una pintura que marcó el rumbo del arte moderno.

A diferencia de otros grandes pintores, él no quiso buscar la perfección del trazo, quería que predominara la libertad creativa y la originalidad. Los rostros y cuerpos de sus protagonistas aparecen distorsionados, formados por figuras planas y geométricas: ese fue el principio del cubismo, un estilo que se convirtió en su marca personal y con el que marcó un antes y un después en la historia del arte.

Las pinturas de Pablo expresaban también sus preocupaciones sociales y políticas. El ejemplo más famoso es *Guernica*, un enorme mural que pintó para retratar los horrores de la guerra. Picasso vivió hasta los 91 años y gozó de mucha popularidad. Sus obras son parte de las colecciones de los principales museos del mundo y siguen manifestando su forma única de representar la vida y cuestionar la realidad.

GOBERNANTE

Perú, aprox. 1400 - 1471

Pachacútec

El constructor de un imperio

Cuando los chancas —viejos rivales de los incas— atacaron Cusco, en lo que ahora es Perú, el soberano Viracocha huyó de la ciudad con dos de sus hijos favoritos. No obstante, hubo alguien que se quedó a enfrentar al enemigo: el príncipe Cusi Yupanqui. Él se puso al mando de las tropas y combatió con tal valentía que consiguió una victoria que parecía imposible. Era un líder indiscutible y un valiente guerrero.

Por ese entonces, tenía unos 20 años. Lejos de agradecerle el triunfo, su padre creyó que la popularidad del príncipe amenazaba sus planes: él quería que Urco, su hijo preferido, reinara después de él. Así que urdió un plan en su contra.

Gracias a su astucia, Cusi Yupanqui no cayó en la emboscada. Por el contrario, consiguió nuevas victorias sobre los chancas que lo hicieron ganarse el respeto y admiración de su pueblo. Urco había sido derrotado y el inca Viracocha no tuvo más remedio que proclamar al valiente príncipe como su sucesor.

En una fastuosa ceremonia, se ciñó la mascaypacha, la borla que llevaba en la frente el soberano inca. Además, escogió el nombre por el que hoy se le conoce: Pachacútec, «el que transforma el mundo».

Y eso hizo. Extendió su dominio en todas las direcciones y convirtió un pequeño señorío de Cusco en un gran imperio, al que denominó Tahuantinsuyo, en honor a las cuatro regiones en que lo dividió para administrarlo. No hubo rincón donde no se sintiera su poder. Además, renovó la capital cusqueña: amplió y embelleció con oro el templo del Coricancha, dedicado al Sol. No contento con esto, mandó edificar Machu Picchu, que hoy es considerado una maravilla del mundo. La gloria de los incas, que ha asombrado a tantos en la historia, es como la conocemos debido a su visión, habilidad y valor.

FUTBOLISTA

Brasil, 23 de octubre de 1940 - 29 de diciembre de 2022

Pelé

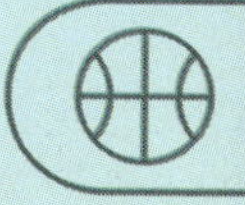

El Rey

La primera vez que Pelé vio llorar a su padre, Dondinho, tenía 9 años. Él había sido futbolista y aquel día estaba triste por el «Maracanazo», la famosa derrota de Brasil ante Uruguay en la final del mundial de 1950. Para consolarlo, Pelé le hizo una promesa: «Un día ganaré para ti la Copa del Mundo».

Pelé se llamaba en realidad Edson Arantes Do Nascimento. Como tantos otros niños, jugaba futbol en la calle con sus amigos de la escuela y con sus vecinos de la localidad de Três Corações, en Minas Gerais. Sin embargo, en su infancia no todo fue juego; trabajó desde pequeño para ayudar económicamente a su familia. Fue vendedor, repartidor y bolero, pero lo que mejor hacía era dominar el balón.

A los 13 años, se integró al equipo juvenil del Club Atlético de Baurú. Incluso enfrentó a su madre para que lo dejara seguir en el futbol. Ella quería que estudiara y fuera maestro, aunque eso no era lo suyo y Pelé insistió e insistió hasta convencerla. Su carrera despegó tan rápido como él corría detrás de la pelota.

Tenía apenas 16 años cuando debutó con la selección de Brasil. Un año más tarde, impresionó a todos en el Mundial de Suecia de 1958. Se convirtió en el jugador más joven en marcar en una final mundialista: anotó dos de los cinco goles que le dieron el triunfo a su país. Su control del balón, su visión de juego, y su potencia y precisión en el remate lo llevaron a aparecer en portadas de revistas y a ganarse el sobrenombre de «el Rey».

Pelé cumplió de sobra la promesa a su padre: en vez de ganar una Copa del Mundo, obtuvo tres. Además del torneo en Suecia, conquistó la victoria en Chile, en 1962, y en México, 1970. En su país, fue la máxima estrella del Santos: a lo largo de su carrera, anotó para este equipo más de mil goles. Pelé se retiró en 1977 como el mejor jugador de futbol del siglo XX.

CIENTÍFICO

Francia, 15 de mayo de 1859 - 19 de abril de 1906

Pierre Curie

Vivir la ciencia en familia

En vez de ir al colegio, Pierre fue educado en casa por su padre, que era médico; juntos pasaron horas sentados entre muchos libros. Él le inculcó su enorme curiosidad y amor por las matemáticas y las ciencias.

Esa curiosidad lo llevó a estudiar Física en la prestigiosa Universidad de La Sorbona, en París, en cuyo laboratorio trabajó tiempo después. Estaba a cargo de las actividades prácticas de los estudiantes. Tras obtener su título de doctor en Ciencias, fue nombrado profesor de Física, pero lo suyo siempre fue la investigación.

En el laboratorio, Pierre realizó estudios sobre las ondas de calor. Luego, con ayuda de su hermano Jacques, llevó a cabo una investigación acerca de los cristales. Además, logró importantes descubrimientos en el campo del magnetismo, disciplina que estudia por qué algunos cuerpos se atraen o se repelen, como se puede notar en los imanes. Pero su trabajo más importante se enfocó en las sustancias radioactivas, aquellas que emiten o propagan energía.

Pierre desarrolló sus estudios sobre la radioactividad de la mano de su esposa Marie, con quien se casó en 1895. Su pasión por la ciencia lo llevó a perseverar en medio de condiciones difíciles, pues no contaba con las instalaciones adecuadas y debía soportar el cansancio de enseñar muchas horas para ganarse la vida.

Tenía 39 años cuando él y Marie anunciaron el hallazgo de dos nuevos elementos radiactivos: el radio y el polonio. Los estudios de la pareja sobre la radiación espontánea, descubierta por Henri Becquerel, fueron reconocidos con el Premio Nobel de Física en 1903.

La labor de Pierre sentó las bases para el avance de la física y la química nucleares. Su legado perduró en manos de su hija Irene, quien siguió investigando la radioactividad y ganó por ello el Premio Nobel de Química.

FILÓSOFO

Grecia, 427 a. C. - 347 a. C.

Platón

La belleza de hacerse preguntas

Platón en realidad no se llamaba así. Su verdadero nombre era Aristocles. Lo que conocemos hoy como su nombre era su apodo, que significa «espalda ancha».

De joven, lo que más le interesaba era el arte. Escribía obras de teatro y también poesía; así fue como un día se topó con Sócrates. Tenía 20 años cuando oyó a este filósofo impartir lecciones a sus alumnos en el mercado. Para él fue una experiencia impactante. Tanto así que cambió de planes, quemó sus obras y se convirtió en discípulo del sabio maestro hasta que este fue llevado a juicio y luego ejecutado. ¿Cuál fue el motivo de la condena? Enseñar a los jóvenes a dudar de las creencias tradicionales y pensar por sí mismos.

Luego de la pérdida de su maestro, Platón inició la escritura de las obras por las que sería recordado: los *Diálogos*, reflexiones escritas en forma de conversaciones entre diversos personajes. La mayoría tenía como protagonista a Sócrates, pero expresaba también el pensamiento del propio Platón. En ellos, hablaba de la verdad, la belleza, el bien y la justicia.

En uno de sus *Diálogos* —titulado *La República*— planteó la idea de un Estado ideal: uno en el que la justicia era la base, el gobierno era dirigido por filósofos, el orden era defendido por los guerreros y la economía mantenida por los trabajadores. Ese fue uno de sus grandes aportes a la civilización occidental.

A los 47 años, Platón fundó su Academia, que fue la primera escuela de ese tipo en Occidente y la precursora de lo que hoy conocemos como universidad. El chico con espaldas anchas sentó, una vez más, las bases para un mundo mejor. Sus ideas nos acompañan hasta la actualidad y, al igual que su maestro, nos invitan a pensar y analizar el mundo de otra manera.

TENISTA

España, 3 de junio de 1986

Rafael Nadal

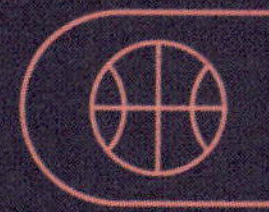

La estrella que no dejaba de ganar

Rafa comenzó a jugar tenis a los 4 años. Entrenaba con su tío Toni todos los días en Mallorca, la isla en la que nació. Él le enseñó que para vencer a los mejores del mundo se necesita trabajo duro, pero también una dosis de humildad.

Por su gran dedicación y empeño, los triunfos no tardaron en llegar. A la edad de 11 años, fue campeón en España y a los 12, de Europa. A los 14 ganó el campeonato del mundo. Dos años más tarde, se convirtió en el jugador más joven en ganar un partido en el exigente circuito de la Asociación de Tenistas Profesionales.

Con 19 años, su victoria en el torneo Roland Garros lo impulsó al puesto número dos del *ranking* mundial. Ese fue el principio de una larga carrera de disciplina y esfuerzo, en la que no dejó de acumular récords y de cosechar la admiración del público.

Su increíble resistencia física, su fortaleza mental y su destreza quedaron en evidencia en 2008 cuando ganó por tercera vez el Roland Garros, al vencer al suizo Roger Federer —otra leyenda del deporte— sin perder ni un solo set.

En total, Rafa ha ganado 14 veces el Roland Garros y ha obtenido 22 títulos individuales en los principales torneos del circuito internacional. Además, ha ganado dos medallas de oro en los juegos olímpicos.

No solo brilla por su compromiso y dedicación al deporte. Inició una fundación para que niñas y niños alcancen su máximo potencial. También recauda fondos en partidos benéficos para distintas causas, como discapacidades físicas e intelectuales, así como la promoción del talento deportivo en los jóvenes. Sin duda, es un ganador en la cancha de la solidaridad.

PINTOR

Italia, 6 de abril de 1483 - 6 de abril de 1520

Rafael Sanzio

El príncipe de los pintores

Cuando Rafael quedó huérfano, tenía 11 años. En aquel momento tan difícil, no solo se vio obligado a asimilar la tristeza y la soledad siendo pequeño, le tocó asumir un desafío grande al heredar el negocio de la familia: el oficio de pintor. Vivía en Urbino, una ciudad que competía con Roma y con Florencia en su pasión por el arte. Rafael debía estar a la altura del legado de su padre y del alto nivel de exigencia de los clientes.

Por eso, trazó una estrategia: aprovechando el renombre de su padre, logró ponerse en contacto con Pietro Perugino, considerado el mejor maestro de pintura de Italia. A los 14 años, entró como aprendiz en su taller. Pronto quedó claro que no era un alumno cualquiera, pues un par de años después ya hacía trabajos en solitario. Su destreza y su amabilidad le ganaron el aprecio de ricos clientes y también de artistas consagrados como Pinturiccio.

Ambos se volvieron amigos. Pinturiccio lo invitó a que lo ayudara a decorar un ambiente de la catedral de Siena. Rafael trabajó con él un par de años y demostró que había superado a sus maestros. En su pintura *Los desposorios de la Virgen*, se notaba el dominio de la composición y del espacio que fue su sello personal.

Un día, alguien lo recomendó con un alto magistrado de Florencia. En aquella ciudad pudo conocer el talento de genios como Leonardo da Vinci y Miguel Ángel Buonarroti. Su habilidad llegó a oídos del papa Julio II, quien lo llamó a Roma a fines de 1508.

Allí pasaría los últimos 12 años de su vida. Pintó una serie de frescos en las habitaciones del papa en el Vaticano. En una de ellas creó su fresco más famoso: *La Escuela de Atenas*, que retrata a Platón y a otros filósofos griegos. El prestigio de Rafael creció día a día y, por ello, se ganó el apodo de «Príncipe de los Pintores».

MÉDICO
Argentina, 12 de julio de 1923 - 29 de julio de 2000

René Favaloro

Un amor que salva vidas

René tenía solo 4 años cuando le anunció a su familia que de grande iba a ser médico. A nadie le sorprendió porque su tío favorito lo era y le permitía ver cómo atendía a sus pacientes. El pequeño soñaba con vestir la bata blanca y portar un estetoscopio, con sanar personas y que luego volvieran contentas al sentirse mejor. Lo cierto es que cumplió su palabra: cuando acabó el colegio, estudió Medicina en la Universidad Nacional de La Plata.

Amaba tanto su profesión que no se limitaba a cumplir con su horario de prácticas en un hospital. Siempre se daba tiempo para volver fuera de su turno con el fin de preguntar por la evolución de sus pacientes y conversar con ellos. Una vez se enteró de que el único médico de Jacinto Aráuz, un pequeño pueblo en la provincia de La Pampa, Argentina, se había enfermado. No dudó y se mudó ahí de inmediato. También apoyó la creación de un centro de salud para los campesinos; de esa forma contribuyó a disminuir la mortalidad infantil y la desnutrición. Para René, el trabajo médico debía «estar rodeado de dignidad, igualdad, piedad cristiana, sacrificio, abnegación y renunciamiento».

Luego, viajó a los Estados Unidos para cursar una especialización. Permaneció diez años y ahí se le ocurrió una idea: usar la vena safena (que es la gran vena superficial que recorre el muslo y la pierna) para reparar el corazón. En 1967, la llevó a la práctica. Esta técnica, conocida como *bypass*, cambió la historia de la medicina. Hoy en día, solo en Estados Unidos se realizan unas seiscientas mil cirugías de este tipo cada año.

René regresó a Argentina y creó una fundación dedicada a brindar servicios de salud, a realizar investigación y a formar a las nuevas generaciones de médicos. Por estos esfuerzos, fue una de las figuras más destacadas de la medicina de su país y de América Latina.

ACTIVISTA
Estados Unidos, 1973

Rick van Beek

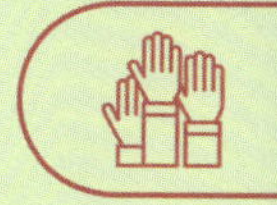

«Ella es mi corazón y yo soy sus piernas»

Rick recuerda perfectamente el peor día de su vida: cuando diagnosticaron a su hija Maddy con parálisis cerebral, una enfermedad que impide controlar los músculos, y afecta la postura y la posibilidad de movimiento. Su pequeña no podría correr ni saltar con libertad. Sintió miedo de lo triste que podría ser eso para ella y temió que nunca pudiera ser feliz.

Poco a poco, fue aceptando la realidad de su hija y, con amor y cuidado, comenzó a verla crecer. A ella le gustaban las actividades al aire libre. Mientras daban un paseo, en una ocasión Rick notó cómo el rostro de Maddy se encendía mientras alguien empujaba rápido el carrito en el que la llevaban porque no podía andar; parecía disfrutar cada bache del camino. Esa fue la señal que él necesitaba.

Si la velocidad y el movimiento hacían feliz a su hija, él la ayudaría a tenerlos. Fue así que, a punta de voluntad, Rick se puso en forma. Entrenó con constancia y desarrolló la fuerza necesaria para salir a correr con ella en brazos casi todos los días. Muchas veces se sentía agotado a la mitad de la ruta, pero en la expresión de Maddy encontraba las fuerzas que le faltaban para seguir.

Desde 2008, Rick corre bajo el nombre de Team Maddy. Cuatro años más tarde, completó con su hija un triatlón: la remolcó a través del agua en un kayak, la llevó en un carrito en la carrera de bicicletas y, cuando tocaba correr, la trasladó en un vehículo de tres ruedas.

Rick ha participado con Maddy en más de setenta competencias. Con cada una de ellas, su popularidad creció. Algunos medios de comunicación lo han llamado «el Padre del Siglo». Él ha aprovechado esa exposición para recaudar fondos con el fin de visibilizar la parálisis cerebral en otros niños, además de inspirar a miles de personas a elegir una vida más sana a través del deporte.

EXPLORADOR

Noruega, 16 de julio de 1872 - 18 de junio de 1928

Roald Amundsen

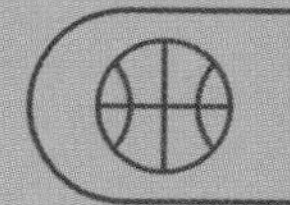

Intrépido descubridor de caminos

Cuando tenía 18 años, Roald asistió a una conferencia del gran explorador Fridtjof Nansen, quien, dos años atrás, había atravesado por primera vez las heladas y lejanas tierras de Groenlandia. En ese evento, no solo compartió lo vivido, también manifestó su deseo de ser el primer humano en llegar al Polo Norte. Su entusiasmo y los detalles del relato causaron tal impacto en Roald que decidió dedicar su vida a explorar los confines del mundo.

Su primera gran aventura fue a bordo de un barco ballenero en la Antártida, donde fue tripulante y aprovechó para tomar nota de las necesidades del viaje, de los problemas que surgían, de las soluciones que se aplicaban. De esta manera, se preparó para liderar su propio viaje, en el cual logró lo que nadie había podido: arribar al Polo Sur.

Luego, miró en dirección contraria. Su plan era bordear Norteamérica para conectar los océanos Atlántico y Pacífico, una ruta que tampoco nadie había podido recorrer. Partió en el verano de 1903, pero, en algún punto, el barco se detuvo. No podía avanzar entre los icebergs. Dos años después encontró la forma de sortear el peligro y completó la ruta.

Más adelante, sobrevoló por primera vez el Polo Norte en un dirigible. Concretó esa hazaña junto al ingeniero aeronáutico italiano Umberto Nobile. ¡Sus deseos de exploración no tenían límites!

Cuando parecía que estaba cerca del retiro, se enteró de que Nobile había sufrido un problema técnico en un viaje y esto lo había hecho aterrizar de emergencia en algún punto del Polo Norte. Roald no dudó y fue en su búsqueda para rescatarlo. Sin embargo, a tres horas de despegar, su avión perdió comunicación. Nunca más se le volvió a ver. Gracias al intrépido Roald y a su capacidad de superar los límites, se pudieron hacer más y más expediciones para conocer nuestro planeta.

ESCRITOR

Reino Unido, 13 de septiembre de 1916 - 23 de noviembre de 1990

Roald Dahl

De la guerra a las letras

Cuando era chico, a Roald no le gustaba mucho la escuela, se aburría. De hecho, al graduarse prefirió no ir a la universidad. No quería más clases, él quería aventuras y se unió a una expedición en Tanzania durante tres años. Después, luchó en la Segunda Guerra Mundial como piloto de combate. Sirvió en un escuadrón en Grecia, en Siria, peleó en África y estuvo a punto de morir cuando su avión se estrelló en Libia.

También fue espía para Inglaterra en los Estados Unidos. Durante su estancia en este país, conoció al escritor C. S. Forester, quien lo animó a relatar sus aventuras en la fuerza aérea para un periódico. Después de este acontecimiento, Roald pasó de hacer volar un avión, a hacer volar su imaginación.

Contándoles historias a sus hijos descubrió su interés en escribir para niños. Su primer libro, *Los Gremlins*, trataba de unas criaturas pequeñas y traviesas que causaban averías en los aviones. No tuvo mucho éxito, pero eso no lo desanimó. Roald terminó escribiendo más de veinte libros para niños, entre ellos *Charlie y la fábrica de chocolate, Matilda, Las Brujas y El Fantástico Señor Zorro.* Muchos de ellos fueron llevados con mucho éxito al cine y al teatro.

Con sus obras, revolucionó la literatura infantil haciendo uso del humor y atreviéndose a cuestionar y satirizar el mundo de los mayores. No escribía como un adulto tratando de aleccionar a los niños, él lo hacía con la mirada fresca e irreverente de un niño más.

Roald Dahl, que escribía siempre a mano y en hojas de papel amarillo, falleció en 1990. En 2005, se inauguró un museo en honor a su vida y obra. Sus libros son muy queridos y las más de quinientas palabras que inventó en sus cuentos y novelas siguen arrancando sonrisas en grandes y chicos por igual.

FOTÓGRAFO

Hungría, 22 de octubre de 1913 - 25 de mayo de 1954

Robert Capa

El ojo misterioso de la guerra

Antes de ser conocido como Robert Capa, fue Endre Ernő Friedmann, un chico judío nacido en Budapest, Hungría. Provenía de una familia adinerada y frecuentaba un círculo social privilegiado. No obstante, siempre tuvo el deseo de vivir aventuras y una marcada sensibilidad por los más necesitados. Fue ese espíritu el que lo llevó a los campos de batalla, armado de su cámara fotográfica y su coraje.

De joven, decidió dejar Hungría cuando dos grupos opuestos se disputaban el poder. Tenía alrededor de 18 años cuando comenzó a trabajar para Dephot, una agencia fotográfica alemana. Un tiempo después, se instaló en París, Francia, donde conoció y se enamoró de la fotógrafa Gerda Taro, quien lo ayudó a crear al personaje de Robert Capa como una estrategia para posicionarse en el medio. Algunos afirman que ella es la autora de varias fotos firmadas por este enigmático personaje.

Robert viajó con Gerda a cubrir la Guerra Civil Española. Luego, capturó imágenes para la revista *Life* en diferentes frentes de la Segunda Guerra Mundial, especialmente en África e Italia. Sus famosas «fotos movidas» reflejaron el caos y el miedo, pero también el heroísmo de los soldados en medio del conflicto.

Tras convertirse en ciudadano estadounidense, junto con Henri Cartier-Bresson y David Seymour, fundó Magnum Photos, la primera agencia cooperativa de fotógrafos independientes. Esta iniciativa cambió por completo la manera en que trabajaban estos profesionales hasta entonces. Mientras tanto, Robert siguió cubriendo guerras.

Su consigna siempre fue esta: «Si tus fotografías no son lo suficientemente buenas, entonces no estás lo suficientemente cerca». Con ello, revolucionó la fotografía periodística por su calidad y su manera tan directa de transmitir las noticias.

FOTÓGRAFO
Brasil, 8 de febrero de 1944

Sebastião Salgado

El arte de capturar la vida

Los primeros años de su vida estuvieron alejados del arte que marcaría su futuro. Él era hijo de un granjero, quien soñaba con que fuera abogado. Sin embargo, Sebastião tenía otros planes. Después de estudiar Economía y participar en la lucha contra la dictadura militar de su país, se vio obligado a huir a Francia con su esposa.

Estando allá, ella compró una cámara fotográfica para un proyecto de arquitectura. Sebastião se animó a probarla y no hubo vuelta atrás. «Miré por un visor por primera vez y mi vida cambió por completo. Lo que amaba, lo que encontré interesante, lo que me molestó: pude capturarlo todo», dijo alguna vez recordando ese momento.

Aprendió por su cuenta el arte de la fotografía y, en pocos años, ya trabajaba como fotoperiodista independiente para una agencia en París. Inmortalizó una amplia variedad de acontecimientos a lo largo del mundo. En África, registró duras escenas de la hambruna en Níger y la guerra civil en Mozambique. En Estados Unidos, destacó por haber captado en una foto el intento de asesinato del presidente Ronald Reagan. Además, fue galardonado con el Premio Kodak por su primer libro fotográfico, *Other Americas*, que registra la vida cotidiana de los campesinos latinoamericanos.

Más tarde, se sumergió en un tema que siempre le atrajo: el deterioro medioambiental. Sebastião fundó el Instituto Terra, una organización dedicada a la restauración del ambiente. Mediante sus fotos, que muestran la minería ilegal o la tala de árboles, busca concientizar sobre el daño que causamos. Hoy en día, su instituto ecológico rural es el más grande de Brasil y ha contribuido con el plantado de cerca de tres millones de árboles en beneficio del planeta.

BAILARÍN DE *BALLET*

Ucrania, 20 de noviembre de 1989

Sergei Polunin

El chico malo de la danza

El pequeño Sergei disfrutaba de hacer piruetas durante su clase de gimnasia. Había algo en sus movimientos que lo hacía destacar, por lo que sus padres decidieron inscribirlo en una escuela de *ballet*. No obstante, esto implicó un cambio en sus vidas. Sergei se fue a estudiar a Kiev, la capital de su país, Ucrania, acompañado de su mamá, mientras que su padre se marchó a trabajar a Portugal para pagar las clases.

Sergei rápidamente se comprometió con el aprendizaje. Su dedicación y constancia para practicar eran únicas. Por eso, con apenas 13 años, su vida volvió a dar un giro. Se unió a la British Royal Ballet School y, seis años más tarde, se convirtió en la persona más joven en ser nombrada bailarín principal del Royal Ballet de Londres. Sus destacadas actuaciones le valieron numerosos premios de danza otorgados por el Círculo Nacional de Críticos del Reino Unido.

Sergei llamaba la atención por la precisión de su técnica, la fuerza de sus movimientos y también por su cuerpo musculoso y tatuado. Debido a su imagen y temperamento apasionado, la prensa lo apodó «la Bestia Elegante».

Luego de bailar en Rusia para las más prestigiosas compañías de *ballet*, Sergei decidió mudarse a los Estados Unidos y probar suerte en Hollywood. Su curiosidad era grande y quería explorar más allá de los espacios habituales del *ballet*. Dejó en claro su pasión frente a la cámara al colaborar con el famoso fotógrafo y director de videoclips David LaChapelle. Participó en el video musical de la canción *Take Me To Church*, de Hozier, que en pocos días se volvió viral.

En su faceta como actor, ha aparecido en las películas *Operación Red Sparrow*, *Asesinato en el Expreso de Oriente* y *El cascanueces y los cuatro reinos*. La elegancia y autenticidad de Sergei lo distinguen sin importar el proyecto en el que se embarque, demostrando que la grandeza reside en el estilo y sinceridad que uno aporta.

MAESTRO ESPIRITUAL

Nepal, entre los siglos VI y V a. C.

Siddhartha Gautama

El hombre que alcanzó la iluminación

Cuando nació el príncipe Siddhartha, los profetas de su tierra lanzaron una profecía: sería un poderoso rey o un gran líder espiritual. Se dice que su padre lo protegió durante 29 años para que no fuera testigo de ningún acto de sufrimiento, pero el chico se escabullía fuera del palacio y vio la realidad del mundo: existían el dolor, la enfermedad, la muerte y la pérdida de lo que se ama.

Si bien su existencia es mencionada por varios historiadores de la antigüedad, se conoce poco sobre su vida. La mayoría de los datos que se tienen provienen de textos sagrados y tradición oral. En aquellas épocas remotas, la historia oral era incluso más importante que la escrita, por lo que resulta imposible unificar versiones y tener una interpretación oficial de su biografía. Por eso, Robin Coningham y otros arqueólogos actualmente realizan excavaciones en Lumbini, el lugar de nacimiento de Siddhartha, para encontrar más evidencias históricas.

Se cuenta que meditó debajo de un árbol durante siete días y siete noches. Tal fue su nivel de concentración y la profundidad de su pensamiento que alcanzó la iluminación, es decir, un estado de conciencia especial. De esa manera, comprendió que el sufrimiento surge cuando, en un mundo de cambios constantes, nos aferramos a las cosas.

A partir de ese momento, se convirtió en Buda. Y este no solo es un nombre, sino un título que recibe quien logra la iluminación espiritual. En efecto, Siddhartha se volvió un gran maestro y, antes de morir, envió misioneros a diferentes lugares para difundir su sabiduría. En la actualidad, las enseñanzas de este líder espiritual han llegado a casi todos los rincones del mundo y son una guía para millones de personas que desean encontrar la paz interior.

FILÓSOFO

Grecia, 470 a. C. - 399 a. C.

Sócrates

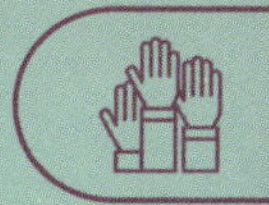

El arte de preguntar

En la antigua Grecia, vivía un joven al que le gustaba hacer muchas preguntas. Su nombre era Sócrates y, aunque fue soldado y peleó en diversas batallas, fue conocido por andar cuestionando todo.

Bastaba encontrarlo en alguna calle de Atenas y tener un poco de ganas de charlar, para que Sócrates iniciara un diálogo interesantísimo que, con maestría, llevaba hacia preguntas de gran profundidad: ¿qué significa ser valiente?, ¿qué es la justicia?, ¿cuál es el propósito de la vida? Él escuchaba con atención la respuesta de su interlocutor y volvía a lanzar otra interrogante; era un cuestionador incansable.

Con ese estilo tan particular, su fama como filósofo y gran pensador a lo largo y ancho de Grecia solo se volvió más y más grande. La gente se reunía en las plazas y mercados de Atenas para escucharlo hablar. Su influencia fue tal que comenzó a tener discípulos con quienes protagonizaba eternos debates. Sócrates consideraba que él no era un maestro, pues en realidad no enseñaba nada. Sin embargo, su método —conocido como mayéutica— consistía en plantear constantes preguntas para ayudar a las personas a pensar por sí solas y descubrir la verdad.

Con el pasar del tiempo, sus ideas y su estilo frontal causaron que Sócrates ganara varios enemigos entre las autoridades. A los 70 años, fue acusado de corromper a la juventud con sus cuestionamientos y de no creer en los dioses de Atenas. Finalmente, fue condenado a muerte.

Sócrates, con su inquebrantable búsqueda de la verdad, marcó un antes y un después en la filosofía. Incluso hoy, miles de años después, es considerado uno de los pensadores más trascendentes de la historia.

FUTBOLISTA

Brasil, 19 de febrero de 1954 - 4 de diciembre de 2011

Sócrates

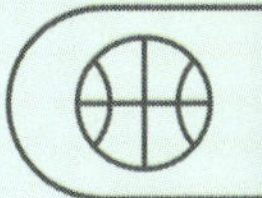

Un gol para la democracia

En el hogar de los Souza Vieira, al norte de Brasil, vivían tres niños con nombres de filósofos griegos: Sócrates, Sófocles y Sóstenes. Su padre era amante de la literatura y los bautizó en honor a los antiguos pensadores. Sócrates, el mayor, heredó su pasión por la filosofía y sociología. Si bien destacaba en el campo de las letras, era notable cómo sobresalía en el futbol.

Sócrates estudió Medicina a la vez que entrenaba para convertirse en futbolista profesional. Su esmero y disciplina lo llevaron a graduarse como médico y firmar como jugador del emblemático club Corinthians, incluso fue capitán de la selección brasileña.

Corría el año de 1982 y, en Brasil, una dictadura militar estaba en el poder hacía casi veinte años. Se había censurado a la prensa, los partidos políticos estaban prohibidos y hasta se modificó el sistema de votación. La libertad se perdía cada vez más.

En respuesta a esa situación, Sócrates lideró una iniciativa para que en el equipo sí existiera la libertad de expresión y el derecho al voto. Con apoyo de otros compañeros, creó la Democracia Corinthiana. Los jugadores, al igual que el cuerpo técnico y los utileros, votaban para decidir lo vinculado al Corinthians: qué días entrenarían, la forma de jugar y hasta cómo se repartirían los premios. En un país donde el pueblo no podía decidir nada, un equipo de futbol elegía todo democráticamente.

Sócrates había generado cambios en su entorno más cercano, pero sabía que podía hacer más. Por eso, en una final de campeonato, los jugadores entraron al campo con una bandera que decía: «Ganar o perder, pero siempre con democracia». Así, usó su popularidad y liderazgo para demostrar que, desde cualquier ámbito, es posible promover la libertad y la justicia.

ESCRITOR

Estados Unidos, 28 de diciembre de 1922 - 12 de noviembre de 2018

Stan Lee

El padre de los grandes superhéroes

Cuando era adolescente, Stanley quería convertirse en un gran escritor. Le encantaba leer a autores reconocidos como Arthur Conan Doyle y Robert Louis Stevenson, y soñaba con escribir como ellos. Cuando se graduó del colegio, entró a trabajar a una editorial de historietas, pero creyó que sería algo temporal. Aunque arrancó como asistente, al poco tiempo redactó su primer cómic. Pensando en guardar su verdadero nombre, Stanley Lieber, para cuando publicara libros de literatura, firmó como Stan Lee. No sospechaba que, años después, con ese seudónimo se convertiría en un hito de la cultura pop.

Durante veinte años, Stan creó libros de historietas para la editorial en la que trabajaba. Hasta que un día se cansó, quería dejarlo todo. Pero, aconsejado por su esposa, decidió darse una última oportunidad y escribir un cómic como a él le gustara, con personajes que no fueran totalmente buenos o malos. Así nació *Los 4 Fantásticos*, que trataba sobre un equipo de astronautas que obtiene superpoderes tras un accidente cósmico. Los fanáticos se volvieron locos. Nunca habían conocido a unos superhéroes que también tuvieran problemas como cualquier otra persona: discutían entre ellos, se peleaban con sus padres y se preocupaban por el acné.

En los años siguientes, Stan creó *Spiderman*, *El increíble Hulk*, *X-Men*, *Iron Man*, *Daredevil*, *Black Panther* y otras obras más que conformarían el famoso universo Marvel. El mundo de los cómics vivió su época dorada. Su éxito fue tal que saltó de las páginas de las revistas a la televisión, el cine y los videojuegos.

Stan cambió la industria de los cómics para siempre. No solo creó algunos de los superhéroes más icónicos, sino que, además, le dio prestigio a la historieta como forma de arte, y defendió la diversidad y la inclusión a través de sus personajes.

CIENTÍFICO

Reino Unido, 8 de enero de 1942 - 14 de marzo de 2018

Stephen Hawking

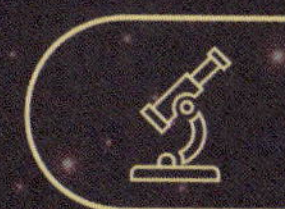

La determinación de un genio

Stephen era el alumno más desorganizado del salón. Su caligrafía era el terror de los profesores. Sin embargo, las personas que lo conocían sabían que era un niño inteligentísimo. En la escuela, sus compañeros lo llamaban «Einstein». Cuando entró a la Universidad de Oxford a seguir la carrera de Física, apenas estudiaba una hora al día; las clases le aburrían.

Poco tiempo después, al cumplir 21 años, le dieron una noticia difícil de asimilar. Tenía esclerosis lateral amiotrófica, una condición conocida como ELA, que le haría perder, poco a poco, el control y la fuerza en los músculos. Después del *shock* inicial, Stephen decidió que le sacaría el mayor provecho posible al tiempo que le quedara. Formó una familia y se dedicó de lleno a investigar sobre el tema que más le apasionaba: el universo.

Entre otros tantos temas, investigó sobre los agujeros negros y el Big Bang, la gran explosión que dio origen a todo. También escribió libros para acercar los secretos del universo al público no especializado. Él quería que la ciencia estuviera al alcance de cualquiera.

Aunque los médicos le habían pronosticado dos años de vida, vivió 55 más, muchos de esos en silla de ruedas y hablando gracias a una computadora. «Quiero demostrar que las personas no necesitan limitarse por sus discapacidades físicas mientras no tengan discapacidades de espíritu», dijo alguna vez. Y vaya que lo hizo: fue a la Antártida, viajó a bordo de un globo aerostático y hasta participó de un vuelo de gravedad cero.

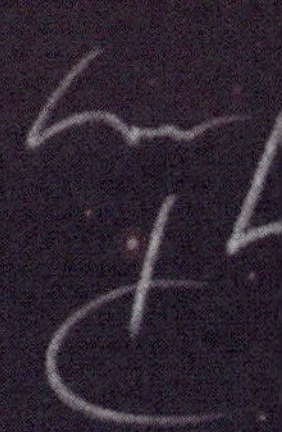

Stephen fue uno de los científicos más importantes del siglo XX. Impactó en la sociedad por sus investigaciones, por acercar la ciencia a millones de personas y por su ejemplo de lucha.

INFORMÁTICO

India, 10 de junio de 1972

Sundar Pichai

De las calles de tierra a Silicon Valley

Para la familia Pichai lo más importante era que sus hijos recibieran una buena educación. Ahorraban todo lo que podían, no tenían televisión y vivían en una pequeña casa de dos ambientes: a Sundar y su hermano les tocaba dormir en la sala. Los niños, conscientes del sacrificio de sus padres, decidieron sacarle provecho.

Sundar, que tenía una gran memoria y amaba la informática, pasaba horas y horas estudiando. Al salir del colegio, siguió las carreras de Ingeniería Metalúrgica y Tecnología. Por sus buenas calificaciones, ganó una beca para estudiar una maestría en la reconocida Universidad de Stanford, en los Estados Unidos. Solo el pasaje de la India a California costó más dinero que todo el salario que su padre ganaba en un año.

La oportunidad de trabajar para Google le llegó a los 33 años. Ahí, colaboró con el avance del buscador de la empresa, que comenzaba a volverse popular entre los usuarios de internet. Después, lideró el desarrollo de productos tan relevantes como el correo Gmail, el navegador Chrome y el sistema operativo Android.

El talento de Sundar no pasó desapercibido y fue ascendiendo dentro de la compañía. En 2015, aquel niño que jugaba en las calles de tierra de Madrás, al sur de la India, fue nombrado CEO del gigante Google. Actualmente, con él a la cabeza, la empresa sigue innovando y expandiéndose hacia otras áreas como la inteligencia artificial y la nube. Su historia es un ejemplo de que, con dedicación y trabajo, cualquier meta se cumple.

ARQUITECTO

Japón, 13 de septiembre de 1941

Tadao Ando

En busca de la luz

El amor de Tadao por el tallado de madera surgió durante su adolescencia. Frente a su casa, en Osaka, Japón, había una carpintería y el viejo artesano que trabajaba ahí le enseñó a modelar. Hacía barcos, aviones y un sinfín de cosas. Le fascinaba saber que, con un trozo de madera, podía darle forma a lo que quisiera.

Además, le gustaban el boxeo, la lectura y la luz. Su casa, ubicada en un barrio tradicional, era muy oscura. Tenía ventanas altas que daban más sombra de lo que iluminaban, pero Tadao jugaba a atrapar con sus manos la poca luz que entraba.

Con sus conocimientos de carpintería, decidió trabajar como aprendiz de algunos diseñadores. En su tiempo libre, exploraba construcciones, como templos y casas de té. Luego, visitó otros países, entre ellos Francia, donde quiso conocer en directo el trabajo de su ídolo, Le Corbusier. Tadao quería aprender más y más, pero lo hacía de manera autodidacta. De regreso en Osaka, finalmente abrió su propio estudio de arquitectura.

Los trabajos comenzaron a llegar. Primero, diseñó casas y proyectos pequeños, pero, poco a poco, su estilo único y minimalista se volvió popular. Su fama se extendió fuera de Japón. Su sello era el juego con la luz natural, la geometría y el uso del concreto, que puede moldearse en un sinfín de formas, como la madera tallada. «Quiero crear espacios de vida que estén integrados en la naturaleza, para que las personas puedan sentir que están vivas», dijo en una ocasión.

Entre sus obras más destacadas están la Iglesia de la Luz, en Osaka, y el Museo de Arte Moderno de Fort Worth, en Texas. En 1995, ganó el Premio Pritzker, considerado el Nobel de la arquitectura. Hoy es un referente mundial del diseño y, sobre todo, del uso de la luz natural.

GUÍA SHERPA

Nepal, 29 de mayo de 1914 - 9 de mayo de 1986

Tenzing Norgay

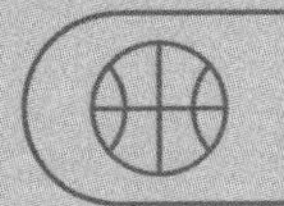

El primero en conquistar el Everest

En una pequeña aldea ubicada a gran altura, en la cordillera del Himalaya, nació Tenzing. Como miembro de una comunidad sherpa, creció descubriendo los secretos de la montaña. Sabía cómo escalarla, qué parte de la nieve pisar para no resbalarse y hasta interpretar el cielo para pronosticar la próxima tormenta. Crecer a más de tres mil ochocientos metros de altura, donde el oxígeno escasea, le dio unos pulmones de acero.

Tenzing trabajó en su primera expedición cuando cumplió 19 años. Cada vez arribaban más extranjeros a Nepal, varios de ellos con el difícil objetivo de conquistar las montañas más altas del mundo. Al principio, su labor consistía en transportar el equipamiento de los escaladores. Pero, debido a su fortaleza física y conocimiento de la montaña, pronto se convirtió en guía.

La primera vez que Tenzing acompañó una expedición al monte Everest fue en 1935. Tenía 21 años y no alcanzaron la cima. La montaña más alta del mundo no se dejaría conquistar tan fácilmente. Muchos equipos fallaron en el intento, pero él no se daría por vencido. Para 1953, era el guía con más expediciones al Everest: seis.

Así que, cuando un grupo de británicos planificó un nuevo ascenso a la montaña, lo contrataron sin dudar. Tras 79 días de recorrido, llegaron a los 8 500 metros de altura. Desde allí, Tenzing y el neozelandés Edmund Hillary intentaron trepar hasta la cima. Salieron muy temprano y, a las 11:30 a.m. del 29 de mayo de 1953, lo lograron: habían llegado a los 8 849 metros, el punto más alto del planeta.

Hasta hoy, la hazaña de Tenzing y Hillary es un recordatorio de que es posible superar los desafíos, incluso cuando parecen imposibles.

AVENTURERO

Noruega, 6 de octubre de 1914 - 18 de abril de 2002

Thor Heyerdahl

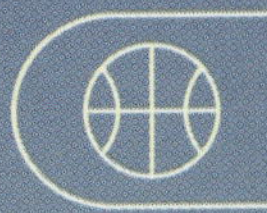

Curiosidad sin límites

Desde muy chico, Thor supo que su lugar en el mundo estaba en medio de la naturaleza. No importaba si era en la montaña, el campo o la playa. Le encantaba practicar senderismo y podía pasar días acampando a cielo abierto o en cavernas.

Si bien estudió la carrera de Biología en la universidad, nunca se graduó. Atraído por las historias de la lejana Polinesia, Thor viajó a la isla de Fatu Hiva. Rodeado de agua, desarrolló una teoría que cambiaría su vida: estaba convencido de que las primeras personas en poblar estas tierras habían sido indígenas sudamericanos. ¿Cómo fueron hasta ese lugar? Pues navegando a través del océano Pacífico. La comunidad científica dudó de su planteamiento y lo retaron a que lo probara. Lejos de dudar o retractarse, Thor aceptó feliz el desafío.

Para su expedición, reunió a cinco valientes tripulantes más. Con troncos y cuerdas construyeron una balsa de madera a la que bautizaron *Kon-Tiki*. No utilizaron metal, querían imitar con exactitud una antigua embarcación de la época previa a la llegada de Colón a América. Muchos pensaron que la balsa se rompería en el mar; otros, que los vientos la llevarían a diferentes costas. Pocos confiaban en el éxito de aquella aventura.

El 28 de abril de 1947 la expedición partió del puerto del Callao, en Perú. Por más de tres meses, estuvieron en alta mar. Navegaron guiándose por el sol, las estrellas, las corrientes marinas y los vientos, además de una brújula.

Después de 101 días, tocaron tierra. Arribaron a una isla en la Polinesia Francesa. Así, Thor probó que su teoría era posible.

Más adelante, realizó otras expediciones alrededor del mundo buscando comprender diversos misterios de la humanidad. Sus aventuras nos invitan a cuestionar y explorar lo que nos rodea.

CINEASTA

Estados Unidos, 25 de agosto de 1958

Tim Burton

Originalidad y extravagancia

Durante sus primeros años en Burbank, California, Tim era visto como el chico raro del vecindario. Le encantaban las historias de terror y uno de sus pasatiempos favoritos era recrear crímenes impactantes con su hermano. Una vez, la imitación fue tan real que sus vecinos llamaron a la policía al pensar que había ocurrido un asesinato de verdad.

Su amor por el horror se mezclaba con su pasión por el cine y el dibujo. A los 13 años, realizó sus primeros cortometrajes animados. En cuanto salió del colegio, recibió una beca para el Instituto de Artes de California. El lugar había sido fundado por Walt Disney para formar a jóvenes interesados en la animación. Al graduarse, fue contratado en los estudios Disney, pero el estilo tan peculiar de Tim, que mezclaba elementos fantásticos y algo tétricos, no cuadró con la productora infantil.

Sin embargo, ese mismo estilo fue el que lo distinguió dentro de la industria. En 1985, dirigió su primera película: *La gran aventura de Pee-Wee,* obra con la que triunfó en taquilla y su carrera despegó. En casi cuarenta años, ha dirigido decenas de producciones. *Beetlejuice, Batman, El joven manos de tijera, El extraño mundo de Jack* y la serie *Merlina* son solo algunas de sus creaciones más apreciadas.

Tim explora mundos oscuros y extravagantes con personajes fuera de la norma. Y lo hace con una estética única, macabra pero, a la vez, encantadora. Su estilo es tan particular que para los amantes del cine se ha vuelto fácil identificar cuando una película tiene el sello «Burton». A través de sus historias, nos muestra que también hay mucha belleza y valor en lo extraño y diferente.

DISEÑADOR DE MODAS

Estados Unidos, 27 de agosto de 1961

Tom Ford

El visionario que redefinió la elegancia

A pesar de su corta edad, Tom, el pequeño niño criado en Houston, resaltaba por su gran sentido de la belleza. A los 6 años, jugaba a reacomodar los muebles de su casa. También aconsejaba a su madre sobre qué zapatos ponerse y cómo arreglarse el cabello.

Para su familia, no fue una sorpresa que decidiera estudiar Arquitectura en la renombrada escuela Parsons The New School for Design, en Nueva York. Sin embargo, tras graduarse, Tom resolvió que quería dedicarse a la moda.

Lo que no tenía de experiencia lo compensaba con su determinación. Tras insistir todos los días durante un mes por una entrevista, la diseñadora Cathy Hardwick le dio su primer trabajo. Una vez que le abrieron las puertas del taller, el buen gusto de Tom hizo el resto.

No había cumplido ni 30 años cuando lo contrataron en la famosísima casa de moda Gucci. La prestigiosa marca italiana estaba en crisis. Tom ingresó como director creativo del área femenina y causó un huracán. Con un estilo elegante pero provocativo, le dio nueva vida a la empresa. Incorporó siluetas ceñidas en vestidos y sacos, escotes profundos en blusas de seda, y *stilettos*, unos zapatos con tacón de aguja.

Pasados cuatro años, era el director creativo de todo Gucci, que volvía a ser una de las marcas más deseadas del mundo. Su influencia no solo se reflejó en el diseño, sino también en las cuentas bancarias. La empresa pasó de estar al borde de la quiebra a valer cuatro mil millones de dólares.

El diseñador dejó Gucci después de 15 años y fundó su propia casa de moda: Tom Ford. Además de ropa, creó fragancias, lentes y accesorios que hoy son sinónimo de buen gusto. Por su estilo y sofisticación, es uno de los diseñadores más notables de la actualidad.

MÚSICO

Bosnia, 11 de noviembre de 1956

Vedran Smailović

Un violonchelo contra la guerra

En la casa de Vedran, la música era un miembro más de la familia. Su padre era un reconocido músico de la ciudad de Sarajevo, capital de Bosnia y Herzegovina, por lo que sus hermanos y él vivían entre acordes y sinfonías.

A Vedran el sonido del violonchelo, un instrumento de la familia del violín, simplemente lo cautivaba. Amaba tanto la música que decidió convertirse en profesional. Debido a su talento y práctica constante, pudo ser miembro de la Orquesta Filarmónica de Sarajevo.

Por desgracia, una guerra se desató en su país cuando él tenía 35 años. La razón fue que distintos grupos querían tomar el poder. Sarajevo fue rodeada por soldados. Nadie podía salir de su casa, la comida escaseaba, las bombas y las balas causaban terror. Una mañana, mientras un grupo hacía fila en la calle para comprar el pan, una bomba cayó y ocasionó la muerte de 22 personas.

Al día siguiente, Vedran tomó su violonchelo, una silla y se sentó entre los escombros de la ciudad a tocar. La música resonaba por toda Sarajevo, rompiendo el silencio con una melodía llena de dolor y esperanza. Continuó tocando a diario vestido con un traje de gala negro. Debía cambiar de lugar y hora seguido, por miedo a que los francotiradores lo atacaran. Tocó en las ruinas de la Biblioteca Nacional, destruida por las bombas, así como en funerales de civiles asesinados.

«Mi arma era mi violonchelo», afirmaba. Pasados dos años, escapó de la ciudad. El asedio a Sarajevo duró casi cuatro años. Mediante la música, Vedran alzó su voz de protesta y dio esperanza a sus vecinos en tiempos difíciles. Sus acciones nos recuerdan que una sola persona siempre puede marcar la diferencia.

CHEF
Perú, 31 de agosto de 1977

Virgilio Martínez

El chef explorador

Virgilio no siempre quiso ser cocinero. De chico, soñaba con ser un ágil *skater*. Después, quiso ser abogado. Finalmente, se inclinó por estudiar Gastronomía. Aunque nació y creció en Lima, Perú, sus primeros platillos los preparó en el extranjero.

Estudió en un instituto francés de gastronomía en Canadá y trabajó en cocinas de Londres y Nueva York. Al regresar a Perú, pasó un año viajando por todo el país. Exploró la costa, la sierra y la selva. De esa forma, disfrutó paisajes que nunca había visto, conoció ingredientes que jamás había escuchado nombrar y se maravilló con sabores que no había probado antes.

Ese viaje lo marcó profundamente. Mientras trabajaba en otras cocinas, fantaseaba con llevar a cabo algo muy distinto y arriesgado. La cocina peruana es famosa por sus platillos tradicionales, pero él quería ir más allá. Su sueño era poner un restaurante propio inspirado en la riqueza natural y cultural de su país. Así fue como, en 2008, inauguró Central. El concepto era novedoso: sus platos combinaban ingredientes que provenían de un mismo ecosistema. Era como comerse un paisaje de la Cordillera de los Andes o de la Amazonía.

Virgilio, que tiene alma de explorador, sigue viajando en busca de inspiración y sabores novedosos. Unos doscientos proveedores de diferentes partes de Perú le proporcionan los ingredientes para su restaurante. También fundó Mil, un laboratorio culinario ubicado en Cusco, donde experimenta con la producción de insumos a más de tres mil metros de altura.

Su forma tan particular de vivir la gastronomía lo ha hecho increíblemente famoso. En 2023, se eligió a Central como el mejor restaurante del mundo. Fue la primera vez que un local latinoamericano obtuvo esa distinción. Actualmente, Virgilio continúa experimentando con nuevas técnicas y sabores, y es considerado un embajador de la cocina peruana.

DIBUJANTE

Estados Unidos, 5 de diciembre de 1901 - 15 de diciembre de 1966

Walt Disney

Creador de un mundo de magia y fantasía

Walt era un niño que todavía no sabía leer ni escribir bien, pero ya dibujaba. ¡Y qué bien lo hacía! Casi a diario copiaba las caricaturas del periódico. Fascinado por el lápiz y el papel, se inscribió en un curso de caricatura por correspondencia. En la secundaria, fue el dibujante del periódico escolar y siguió llevando cursos de arte. Quería convertirse en el caricaturista de algún gran medio de comunicación.

Ese anhelo, sin embargo, fue interrumpido por la Primera Guerra Mundial. Walt luchó en Francia y Alemania como chofer de la Cruz Roja. Aunque el entorno era difícil, no desperdició la oportunidad de pintar su ambulancia con caricaturas.

Al poco tiempo de volver a los Estados Unidos, fundó su propia empresa de dibujos y animación. Tras algunos altibajos, lograría dar el golpe: su cortometraje de un ratón travieso y divertido cautivó al público. Le puso por nombre Mickey Mouse. No mucho después nacerían Minnie Mouse, el Pato Donald, Pluto y Goofy para acompañarlo en la pantalla grande. El mundo quedó fascinado con las aventuras de Mickey y sus amigos. Había valido la pena seguir creyendo en su sueño.

La imaginación y la creatividad de Walt no parecían tener límites y, gracias a ellas, la compañía crecía y crecía. De producir cortos animados pasaron a las películas. *Blanca Nieves y los siete enanos*, *Dumbo* y *Peter Pan* gozaron de un éxito tremendo.

En 1955, llevó sus sueños a otro nivel: inauguró Disneyland, un parque de atracciones desbordante de fantasía y emoción. Aunque falleció en 1966, su legado sigue vivo hasta nuestros días. Su compañía es un imperio del entretenimiento y el nombre Disney es sinónimo de magia y alegría para grandes y chicos por igual.

INVENTOR

Malaui, 5 de agosto de 1987

William Kamkwamba

El chico que iluminó su aldea

En Masitala, un pueblo rural de Malaui, África, vivía William. Su familia se dedicaba a sembrar maíz para hacerle frente a las condiciones económicas que eran difíciles. Cuando cumplió 14 años, una gran hambruna azotó la región. Además, sus padres no podían costear su educación, por lo que se vio obligado a dejar el colegio.

A pesar de eso, no dejó de lado su ansia de conocimiento. Ya de adolescente, visitaba seguido la pequeña biblioteca de su aldea. Fue ahí donde descubrió un libro que cambió su vida: *Using Energy*, que mostraba distintas formas de generar energía.

Con la firme intención de ayudar, William se propuso construir un molino de viento que produjera electricidad. Pero había un problema: el libro estaba en inglés y él solo hablaba chichewa, la lengua de su pueblo. Lejos de acobardarse, decidió guiarse por las imágenes. Sin piezas disponibles ni dinero para comprarlas, recicló lo que tenía a mano. Utilizó partes de bicicletas, un tractor viejo y otros materiales rescatados de un vertedero.

El resultado fue impresionante. Con casi cinco metros de alto, el molino alimentaba cuatro puntos de luz y dos radios. Hasta los vecinos iban a la casa de los Kamkwamba a cargar sus celulares. William tenía solo 15 años.

Pronto, construyó más molinos en su pueblo. Y no solo producían electricidad, sino que bombeaban agua limpia desde el subsuelo. Esta hazaña captó la atención del mundo y gracias a ello pudo regresar a la escuela. Incluso, asistió a la prestigiosa Universidad Dartmouth, en los Estados Unidos, donde estudió Ingeniería.

William trabaja incansablemente en proyectos para mejorar el acceso a la energía y a la educación en comunidades rurales de África, y es apreciado como un ejemplo de perseverancia y deseo de superación.

ESCRITOR

Inglaterra, 23 de abril de 1564 - 23 de abril de 1616

William Shakespeare

El gran conocedor del alma humana

Hace cientos de años, en medio de la campiña inglesa, existía una escuela secundaria bastante respetada. Quedaba en la pequeña localidad de Stratford-upon-Avon. Allí creció, estudió y se enamoró de las letras William Shakespeare.

Era el hijo del alcalde y, a pesar de su talento, no fue a la universidad. Se casó muy joven, a los 18 años, y tuvo tres hijos. Sin embargo, su amor por las letras nunca desapareció. Podía pasar horas y horas escribiendo historias, pensamientos o relatos que escuchaba a su alrededor.

Pronto, se enfocó en crear obras teatrales. Su talento no pasó desapercibido. Antes de los 30, se había mudado a Londres y ya era un reconocido dramaturgo. Shakespeare, como firmaba todas sus obras, se convirtió en miembro de la compañía de teatro Lord Chamberlain's Men, donde también actuaba, pero siempre en papeles secundarios.

Sus obras fascinaban al público. No importaba si eran comedias, tragedias, romances o dramas históricos. Shakespeare tenía el don de narrar la vida y explorar las emociones humanas con maestría. Esa sensibilidad también lo llevó a escribir poesía.

En 1603, su compañía de teatro cambió de nombre. Ahora, eran los King's Men, los hombres del rey, y dominaron los escenarios londinenses durante casi 25 años. Gente de toda Europa acudía a la ciudad para ver sus obras.

Creó cuarenta obras de teatro. *Romeo y Julieta, Hamlet, Macbeth* y *Sueño de una noche de verano* son algunas de las más populares, en las que encontramos personajes que representan los grandes conflictos a los que se enfrenta el ser humano. Aunque murió hace más de cuatrocientos años, Shakespeare es considerado el dramaturgo más grande de la historia. La vigencia de su obra permanece intacta a través de los siglos.

MÚSICO

Austria, 27 de enero de 1756 - 5 de diciembre de 1791

Wolfgang Amadeus Mozart

El genio indiscutible de la música

En Salzburgo, una ciudad en Austria, corría el rumor de que había un niño genio. Decían que, aunque el pequeño apenas podía caminar, tocaba las teclas del piano con gran habilidad. Su nombre era Wolfgang Amadeus, pero en casa le decían cariñosamente Wolferl.

Su padre, un conocido violinista, fue el primero en reconocer el gran talento de su hijo. A los 3 años, el niño tocaba acordes en el clavicordio, una especie de piano. A los 5, compuso su primera pieza musical y a los 6 ya se había presentado frente a dos cortes imperiales. Wolferl poseía un talento muy especial.

Su hermana mayor también era estupenda en la música y, por eso, la familia Mozart se fue de gira por Europa. Durante tres años, se presentaron en ciudades como Londres, París, Múnich, La Haya y Roma. Tocaron frente a miles, incluyendo un papa y los reyes de Francia y de Gran Bretaña.

La fama de Mozart no hacía más que crecer. Tenía lo que se conoce como oído absoluto, es decir, que podía identificar una nota musical aislada, como en los maullidos de un gato o el crujir de la madera. También era capaz de reproducir sin errores una pieza que escuchaba por primera vez, por complicada que fuera, o podía improvisar cualquier tema y hasta tocar el piano de espaldas.

Cuando cumplió 17 años, volvió a Austria. Allí compuso grandes obras de música clásica como óperas, sonatas, sinfonías y conciertos para piano y violín. *Las bodas de Fígaro, Don Giovanni* y *Réquiem* son algunas de ellas. Con su música, era capaz de expresar un sinfín de emociones y conmover a quien la escuchara.

Durante su corta vida, creó más de seiscientas piezas. Su obra puede escucharse en escuelas, conservatorios, sinfónicas, parques y plazas. El niño genio se convirtió en uno de los más grandes compositores de todos los tiempos.

MÚSICO

Francia, 7 de octubre de 1955

Yo-Yo Ma

Niño prodigio del violonchelo

Yo-Yo tuvo una conexión con la música desde siempre. Su madre era cantante y su padre, violinista, así que el pequeño escuchó hermosas melodías a diario, incluso antes de nacer. No resultó raro, entonces, que a los 4 años empezara a tocar el violín. A los 5, se cambió al violonchelo y su pasión creció todavía más. Con solo 7 años, tocaba ante presidentes y grandes personalidades.

Aunque su familia era de origen chino y Yo-Yo había nacido en París, los Ma se mudaron a Nueva York cuando él era pequeño. Por el trabajo de sus padres, la familia viajaba constantemente. El chico frecuentaba a gente de distintos países. Si bien muchas veces no hablaba el mismo idioma, se comunicaba a través de la música.

Tras ser considerado un niño prodigio del violonchelo, estudió en la Academia Juilliard, un famoso conservatorio de música en Nueva York. Armado con su instrumento, tocó con algunas de las mejores orquestas y renombrados directores de música clásica. Su interpretación de las *Suites* para violonchelo de Bach es considerada una de las más destacadas de la historia.

Sin embargo, Yo-Yo nunca fue el típico intérprete que solo se dedica al estilo clásico. Para él, la música es como un imán que une a las personas. Por eso, exploró distintos géneros y ritmos. A lo largo de su carrera, colaboró con artistas de *jazz*, pop, *rock*, samba, ritmos tradicionales y tango. Esto también lo acercó a públicos con distintas preferencias musicales.

Ha ganado más de 15 Premios Grammy. En 2022, recibió el Premio Birgit Nilsson, equivalente al Nobel de música clásica. Ahora, trabaja en proyectos que llevan la música a numerosas comunidades alrededor del mundo, como el Proyecto Bach, con el que busca indagar cómo la cultura vincula a las personas.

ARTISTA PLÁSTICO

Japón, 5 de diciembre de 1959

Yoshitomo Nara

Explorar la infancia a través del arte

Con solo 6 años, Yoshitomo creó su primera pieza de arte. Era un *kamishibai*, una especie de libro ilustrado japonés que mostraba imágenes dibujadas en un teatro de cartón. En él, contaba las aventuras que vivía con su gato mientras viajaba al Polo Norte y al Polo Sur.

A medida que crecía en la ciudad japonesa de Aomori, su país sufría enormes cambios. La influencia de la cultura pop y occidental se hacía cada vez más fuerte tras la Segunda Guerra Mundial. El joven Yoshitomo podía pasar horas escuchando música *rock*, pop y *funk* en una radio estadounidense; también coleccionaba discos y le encantaba admirar el arte de las portadas. Fue así como comenzó a acercarse y experimentar con la pintura y el dibujo.

Decidió inscribirse en la Universidad Nacional de Bellas Artes de Tokio. Luego, viajó a Alemania a estudiar Pintura en la prestigiosa Academia de Bellas Artes de Düsseldorf. Influenciado por el arte callejero, la cultura pop y la música *punk*, pero sin perder sus raíces japonesas, desarrolló un estilo que lo caracterizaría: los populares niños y niñas de Yoshitomo.

Él es reconocido por representar a esos pequeños solitarios con grandes ojos y expresiones tan serenas como perturbadoras. Partiendo de lo aparentemente simple, Yoshitomo captura emociones complejas y explora temas como la soledad, la infancia y la desconexión social.

A los 24 años, el artista vendió su primera pintura por unos veinte dólares. En 2019, en cambio, su obra *Knife Behind Back* se vendió por 25 millones de dólares. Yoshitomo es una figura importante dentro del arte contemporáneo; y su obra, tan original como rebelde, nos conduce a reflexionar sobre la infancia desde diferentes puntos de vista.

ASTRONAUTA

Rusia, 9 de marzo de 1934 - 27 de marzo de 1968

Yuri Gagarin

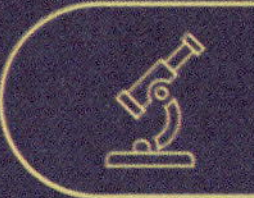

De la fábrica al espacio exterior

En una pequeña aldea, en medio del campo, nació Yuri. Su familia trabajaba en una granja y, como su país estaba en guerra, atravesaba momentos difíciles. No tenía ni 10 años cuando sucedió algo que jamás olvidaría: un avión soviético cayó cerca de su pueblo. Junto con un amigo, Yuri corrió a socorrer al piloto herido; incluso, lo escondieron hasta que fue rescatado. A raíz de esa experiencia, decidió que sería aviador.

Se puso manos a la obra. En la secundaria, se unió a un club de vuelo local, y a los 18 aprendió técnica de vuelo. Luego, ingresó a la Fuerza Aérea Soviética. Dos años más tarde, su país buscaba al primer hombre que enviaría en una misión al espacio. Recorrieron cada base aérea de la Unión Soviética buscando al primer cosmonauta. Por su dedicación y empeño, Yuri fue el elegido entre miles de candidatos.

Tras mucha preparación, el 12 de abril de 1961 despegó a bordo de la nave espacial *Vostok 1*. Durante 108 minutos, orbitó alrededor del planeta, dándole una vuelta entera. «¡Veo la Tierra! ¡Es tan hermosa!», dijo emocionado por la radio. Yuri se convirtió en la primera persona en llegar al espacio y solo tenía 27 años.

Mientras volaba, comió y habló por la radio. Querían comprobar si un humano podía comportarse de manera normal estando bajo gravedad cero, flotando dentro de la nave espacial. Al regresar a la Tierra, un error del sistema hizo que Yuri aterrizara en un campo de papas, donde una asustada campesina lo confundió con un extraterrestre.

Durante su vida se dedicó a promover la exploración espacial y la cooperación internacional entre la comunidad científica. Su hazaña marcó un hito en la exploración espacial y demostró que no existen límites para el ingenio humano.

La receta de la REBELDÍA

Rebelde no siempre significa ser alguien desobediente. Más bien, es una persona que ve las cosas de una manera diferente, y desde su espíritu inconforme, quiere cambiarlas positivamente.

¿Qué necesitamos?

Creemos que la rebeldía tiene como ingredientes:

- Una cucharada grande de curiosidad
- Media taza de creatividad
- Grandes cantidades de paciencia
- Mucha persistencia
- Una pizca de miedo al fracaso

Se mezclan todos estos elementos junto con empatía y observación y el resultado será demasiado potente. Verás que el miedo se diluyó. Incorpora un poco de humildad al final para apreciar e inspirarte en el trabajo de otros más.

¿Qué obtenemos?

Esta combinación da como resultado a alguien con ganas de cambiar el rumbo de la humanidad.

¿Qué es para ti ser rebelde?

☆ Cuéntanos en tus propias palabras y cuéntaselo a quien tú quieras.

☆ ¿Qué otros ingredientes debe tener la rebeldía para ti?

¿Quién es rebelde a tu alrededor?

Piénsalo.

Si tuvieras que describirle a alguien cómo es el rebelde que tienes en mente, ¿qué dirías? Puedes añadir sus características intelectuales, emocionales, valores y físicas. ¿Por qué lo consideras rebelde? Inspírate y cuéntanos su historia.

Dibuja o pega una foto de tu rebelde.

¿En qué rebelde te quieres convertir?

Ya diste los primeros pasos. Ahora es buen momento para pensar, qué tipo de rebelde vas a ser. ¿En qué área te gustaría desarrollar tu rebeldía? ¿Quiénes te van a ayudar? ¿Qué dificultades tendrás que superar? ¿Qué te gustaría lograr? Imagina ese futuro y escríbelo.

 Dibuja cómo imaginas tu futuro en rebeldía.

Los caminos de la REBELDÍA

Si miras a tu alrededor, la rebeldía está en todos lados y en todos los campos. Dependiendo del área de desarrollo, puede presentar distintos matices y hasta es posible que surjan retos diferentes, pero siempre apunta a cambiar el mundo de alguna manera.

Si deseas, explora este libro a tu manera, siguiendo el orden que prefieras. Con ese fin, te presentamos agrupadas por categorías a nuestras rebeldes para que puedas seguir los distintos caminos que ellas han construido con su esfuerzo en la política, el arte, la ciencia o el deporte. Tú también puedes aportar con tu propia rebeldía. ¡Busca sus historias y sigue sus rutas!

LOS REBELDES EN LA POLÍTICA

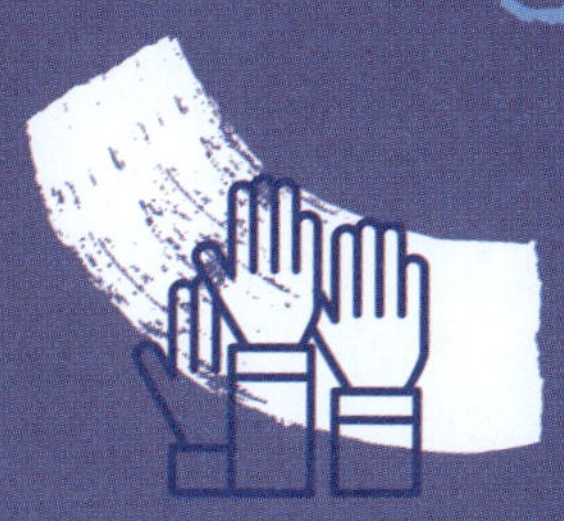

Estos rebeldes impulsaron cambios importantes en la sociedad. Fueron líderes que lucharon por lograr un mundo mejor para todos.

Aristóteles **22**

Confucio **44**

Frederick Douglass **62**

Hans Scholl **74**

Harvey Milk **76**

Jaime Escalante **86**

Jesús de Nazaret **88**

John Carlos y Tommie Smith **90**

Martin Luther King Jr. **120**

Moisés **130**

Nelson Mandela **134**

Nick Vujicic **136**

Pachacútec **146**

Platón **152**

Rick van Beek **160**

Siddhartha Gautama **172**

Sócrates **174**

LOS REBELDES EN EL ARTE

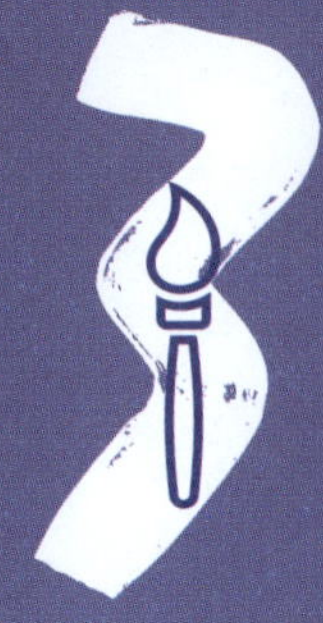

Estos hombres talentosos y creativos buscaron originalidad para expresar su mundo interior. Al hacerlo, marcaron un antes y un después en las disciplinas artísticas.

Antoine de Saint-Exupéry **20**

Astor Piazzolla **24**

Banksy **26**

Béla Lugosi **28**

Bob Dylan **30**

BTS **34**

Caetano Veloso **36**

Charly García **40**

Clive Staples Lewis **42**

Eduardo Galeano **48**

Elton John **52**

Federico Fellini **54**

Fernando Botero **58**

Freddie Mercury **60**

Fusajirō Yamauchi **64**

Gabriel García Márquez **66**

George Lucas **68**

Guillermo del Toro **70**

Gustavo Dudamel **72**

Hayao Miyazaki **78**

Henri Cartier-Bresson **80**

J. R. R. Tolkien **84**

José Guadalupe Posada **92**

José Rizal **94**
Jules Verne **98**
Lance Wyman **100**
Le Corbusier **102**
Los Beatles **106**
Man Ray **112**
Manolo Blahnik **114**
Mario Vargas Llosa **116**
Miguel Ángel Buonarroti **124**
Miguel de Cervantes **126**
Octavio Paz **140**
Oscar Niemeyer **142**
Pablo Picasso **144**
Rafael Sanzio **156**
Roald Dahl **164**
Robert Capa **166**
Sebastião Salgado **168**
Sergei Polunin **170**
Stan Lee **178**
Tadao Ando **184**
Tim Burton **190**
Tom Ford **192**
Vedran Smailović **194**
Virgilio Martínez **196**
Walt Disney **198**
William Shakespeare **202**
Wolfgang Amadeus Mozart **204**
Yo-Yo Ma **206**
Yoshitomo Nara **208**

LOS REBELDES EN LA CIENCIA

Estos rebeldes no perdieron nunca la curiosidad infantil y siguieron cuestionándose a lo largo de su vida. El resultado fueron grandes descubrimientos e inventos que hoy hacen que nuestra vida sea mejor.

Alan Turing **14**

Albert Einstein **16**

Alexander von Humboldt **18**

Boyan Slat **32**

Charles Darwin **38**

Felipe García Quiroz **56**

Isaac Newton **82**

Los hermanos Wright **108**

Louis Pasteur **110**

Mark Zuckerberg **118**

Neil Armstrong **132**

Nikola Tesla **138**

Pierre Curie **150**

René Favaloro **158**

Stephen Hawking **180**

Sundar Pichai **182**

William Kamkwamba **200**

Yuri Gagarin **210**

LOS REBELDES EN EL DEPORTE

Estos hombres no saben lo que es rendirse. Su disciplina y perseverancia los ha llevado a marcar hitos en sus disciplinas deportivas y a desafiar lo que se creía imposible.

Achmat Hassiem **12**

Cristiano Ronaldo **46**

Eliud Kipchoge **50**

Juan Manuel Fangio **96**

Lionel Messi **104**

Michael Jordan **122**

Mohamed Alí **128**

Pelé **148**

Rafael Nadal **154**

Roald Amundsen **162**

Sócrates (futbolista) **176**

Tenzing Norgay **186**

Thor Heyerdahl **188**

GIRL
XOXO